ECONOMIA NO COTIDIANO

Decifra-me ou te devoro

COLEÇÃO COTIDIANO

CIÊNCIA NO COTIDIANO • NATALIA PASTERNAK e CARLOS ORSI
DIREITO NO COTIDIANO • EDUARDO MUYLAERT
ECONOMIA NO COTIDIANO • ALEXANDRE SCHWARTSMAN
FEMINISMO NO COTIDIANO • MARLI GONÇALVES
FILOSOFIA DO COTIDIANO • LUIZ FELIPE PONDÉ
PSICOLOGIA NO COTIDIANO • NINA TABOADA

Proibida a reprodução total ou parcial em qualquer mídia sem a autorização escrita da editora.
Os infratores estão sujeitos às penas da lei.

A Editora não é responsável pelo conteúdo deste livro.
O Autor conhece os fatos narrados, pelos quais é responsável, assim como se responsabiliza pelos juízos emitidos.

Consulte nosso catálogo completo e últimos lançamentos em **www.editoracontexto.com.br**.

ECONOMIA NO COTIDIANO

Decifra-me ou te devoro

ALEXANDRE SCHWARTSMAN

Copyright © 2020 do Autor

Todos os direitos desta edição reservados à
Editora Contexto (Editora Pinsky Ltda.)

Montagem de capa e diagramação
Gustavo S. Vilas Boas

Preparação de textos
Lilian Aquino

Revisão
Vitória Oliveira Lima

Dados Internacionais de Catalogação na Publicação (CIP)

Schwartsman, Alexandre
Economia no cotidiano / Alexandre Schwartsman. –
São Paulo : Contexto, 2020.
128 p.

ISBN 978-65-5541-027-3

1. Economia – Obras populares 2. Macroeconomia 3. Inflação
4. Mercado financeiro 5. Produto interno bruto I. Título

20-1607   CDD 330

Angélica Ilacqua CRB-8/7057

Índice para catálogo sistemático:
1. Economia – Obras populares

2020

Editora Contexto
Diretor editorial: *Jaime Pinsky*

Rua Dr. José Elias, 520 – Alto da Lapa
05083-030 – São Paulo – SP
PABX: (11) 3832 5838
contexto@editoracontexto.com.br
www.editoracontexto.com.br

Sumário

	INTRODUÇÃO	9
1.	APRESENTANDO UMA VELHA CONHECIDA: A INFLAÇÃO	12
	Definição de inflação: elevação geral e persistente dos preços	14
	Da beleza da teoria à feiura dos fatos: índices de preço	19
	Interpretação dos números de inflação: a opção nuclear	24
	A opção nuclear e o Banco Central	30
	Qualidade e inflação	34
	Para concluir	36

2. A GENTE NÃO QUER SÓ COMIDA   38
    O que é o PIB e para que serve?   41
    O salto da teoria à realidade   44
    PIB, atividade econômica e bem-estar   46
    Alternativa ao PIB: o IDH   48
    A economia "subterrânea"   50
    Atividades domésticas e o PIB   52
    Tamanho *vs.* taxa de crescimento do PIB   53
    O mercado de trabalho e sua relação com o PIB   54
    A medida do desemprego e seus muitos problemas   56
    Por que as taxas de desemprego diferem entre países?   61
    A PNAD   63
    Para concluir   64

3. O GOVERNO, SEUS GASTOS, SUAS DÍVIDAS E O QUE SOBRA PARA NÓS   66
    O orçamento familiar e o do governo   68
    O peso dos juros   72
    Ajustando o orçamento para pagar os juros   74
    Crescer para ajustar   77
    Governos *vs.* famílias: como a criação de dinheiro muda a história   83
    Lições que ficam   88

4. DO UBER À CRISE DA DÍVIDA   90
    Por que há comércio entre nações?   92
    Uma outra troca: consumo hoje
        pelo consumo amanhã   97
    Os riscos da troca e a falta de dólares   99
    Por que não usamos o real?   103
    O que aprendemos?   106

5. COMO NÃO PERDER DINHEIRO NO MERCADO FINANCEIRO   108
    A taxa de juros e o valor das promessas
        de pagamento (ou ativos financeiros)   111
    A taxa de juros e o Banco Central   115
    Informações *vs.* preços:
        como ganhar (ou perder)?   118
    E daí?   124

Introdução

Quando Jaime Pinsky, diretor da Editora Contexto, me procurou com a proposta de escrever um livro sobre a economia no cotidiano, topei na hora. Meu primeiro impulso foi o de fazer algo que explicasse o nosso comportamento do dia a dia por meio de ferramentas econômicas. Rapidamente desisti. Não só porque já havia livros com essa abordagem, mas porque eu, como macroeconomista, alguém preocupado com inflação, desemprego, juros, dólar e coisas do gênero, talvez não fosse a pessoa ideal para abordar temas que poderiam ser distantes da minha especialização.

Contudo, pensando melhor, fui me convencendo de que era possível, e até desejável, estabelecer uma articulação entre a macroeconomia e a vida cotidiana das pessoas. Afinal, inflação (para dar um exemplo) é tema macroeconômico e mexe com o cotidiano das pessoas (e como mexe!). Claro que o leitor tem a possibilidade de acessar informações em colunas de jornais, mas, no livro, eu poderia colocar as coisas de modo mais acessível e organizado, visando principalmente ao leitor não especializado. Vi que poderia prestar um serviço importante ao cidadão comum, além de mostrar, até para gente do ramo, a articulação entre o macro e a vida das pessoas. Fiz um grande esforço para escrever com a intenção de ser compreendido por todos.

Trato da inflação, da atividade econômica/emprego, das contas públicas, da relação do país com o exterior e, por fim, do mercado financeiro. Embora os capítulos sejam razoavelmente independentes uns dos outros, acho que o leitor aproveitaria mais se os lesse na ordem em que são apresentados no livro.

São textos curtos, a linguagem não é nada técnica, e o objetivo é que o leitor, ao final de cada capítulo, possa se sentir à vontade para compreender de que forma a economia afeta seu dia a dia, nada daquela conversa esotérica de especialistas para especialistas. Entendo quando meus colegas usam o "economês": o jargão (como, aliás, ocorre em todas as profissões) busca a precisão na comunicação entre pares, carrega mais significado e permite um texto mais direto. Não foi minha abordagem aqui, mas o leitor é quem julgará se fui feliz em minhas intenções.

O uso de matemática, outro flagelo entre economistas, não vai além de uns poucos exemplos numéricos que ajudarão a ilustrar alguns pontos. Como aprendi, economistas usam matemática não porque são inteligentes, mas, ao contrário, porque não são suficientemente inteligentes... Se não consegui pensar em nada diferente para ilustrar os (poucos) pontos que aparecerão à frente, é porque não fui claro o suficiente lidando apenas com o texto.

Claro que um livro como este não pretende esgotar os assuntos. Longe disso. Procurei tratar de temas mais próximos do cotidiano: isso fica talvez mais claro nos capítulos sobre inflação e mercado financeiro, porque, afinal de contas, tocam em coisas que afetam nosso bolso, que economistas acreditam ser (talvez com modesto exagero) a parte mais sensível do ser humano.

Portanto, mão à obra!

1 Apresentando uma velha conhecida: a inflação

A inflação é possivelmente a face mais visível da macroeconomia no dia a dia. Nem me refiro, pelo menos por enquanto, à experiência de 25 anos atrás, quando o país vivia sob uma taxa de inflação na casa de 40% ao mês (os preços dobravam a cada dois meses, aproximadamente), mas aos dias de hoje, em que os níveis de inflação se encontram mais alinhados à experiência internacional.

Cada vez que vamos à feira, ao supermercado, quando enchemos o tanque do carro ou pagamos a conta de luz, a realidade de preços mais altos nos acomete. Mesmo um quarto de século depois que o Plano Real finalmente acabou com a hiperinflação, o brasileiro permanece sensível a esse problema, e bastante cético, diga-se, acerca dos números oficiais de inflação.

Parte desse ceticismo resulta, acredito, da falta de entendimento sobre o que é inflação. É comum ouvir da audiência de palestras, ou mesmo numa conversa, a pergunta: como é que você diz que a inflação caiu se toda vez que vou ao supermercado os preços estão mais altos?

DEFINIÇÃO DE INFLAÇÃO: ELEVAÇÃO GERAL E PERSISTENTE DOS PREÇOS

Por conta disto, vamos começar com uma definição do que é a inflação: é a **elevação geral** e **persistente** dos preços numa dada economia.

Note-se que destaquei três palavras na definição: "elevação", "geral" e "persistente". Examinemos uma de cada vez.

Em primeiro lugar, inflação é, em outras palavras, a *velocidade a que os preços se elevam*, não o nível de preços. Concretamente, uma caixa de fósforos pode custar muito pouco (sei lá, R$ 0,50 – eu nunca compro fósforos), mas, se custa R$ 0,50 hoje quando custava R$ 0,40 ontem, pode-se dizer que o preço do fósforo subiu 25%, ou que a "inflação" do fósforo foi 25% em determinado mês (os próximos parágrafos deixarão claro a razão do uso das aspas aqui).

Se o preço pular de R$ 0,50 para R$ 0,60 no mês seguinte, diremos que a "inflação" do fósforo foi 20%, portanto mais baixa do que os 25% registrados no mês anterior. Inflação mais baixa, assim, não quer dizer que os preços estejam caindo (para isso existe outra palavra: "deflação"), apenas que estão crescendo a uma velocidade menor do que no passado. Por favor, guarde essa distinção; poucas coisas aborrecem mais um economista do que ter que explicar isso numa festa, ao invés de saborear uma boa taça de vinho.

A segunda palavra destacada é "geral". Quando falamos em inflação, não estamos preocupados com o preço de um produto em particular, mas, sim, com o conjunto (ou melhor, com a média) dos preços numa determinada economia. É o motivo por que usei as aspas ao falar da "inflação" de fósforos.

Há muitos preços numa economia. Colocando o carro um pouco à frente dos bois, o *Índice Nacional de Preços ao Consumidor Amplo* (IPCA, a medida oficial da inflação no Brasil) acompanha os preços de 383 bens e serviços (de "arroz" a "TV por assinatura com internet") a cada mês. Alguns desses preços sobem nesse período, enquanto outros caem, e outros tantos (um grupo bem menor, como regra) permanecem inalterados.

Essas proporções variam, em geral, com o nível de inflação. Assim, em 2015, um ano de inflação elevada, quase 70% dos preços monitorados pelo IPCA (algo como 265 produtos) registraram aumentos a cada mês. Já em 2017, quando a inflação foi bem mais baixa, a média mensal de produtos com aumento no mês caiu para perto de 200 itens. Note-se, para reforçar o ponto anterior, que os aumentos continuaram, mas menos produtos foram afetados e o aumento se deu a uma velocidade menor.

Quando medimos, portanto, a inflação, queremos saber se o processo de alta de preços é generalizado ou restrito a uns poucos produtos. Se, de forma muito improvável, apenas o aluguel subir, digamos, 10% e todo o resto ficar inalterado, a inflação medida será positiva; todavia, não poderíamos dizer que se trata de um processo inflacionário, porque a imensa maioria dos preços, em nosso exemplo reconhecidamente irreal, não subiu. Confesso que não seria grande consolo, já que o aluguel representa pouco menos de 4% dos gastos da família típica, assim, tal aumento de 10% tornaria a família 0,4% mais pobre. No entanto, inflação, em sua definição precisa, é algo que se refere ao *conjunto dos preços na economia*.

O terceiro aspecto refere-se à persistência do aumento de preços. Se num caso hipotético – e também para lá de improvável – todos os preços aumentassem, digamos, 5% em um mês e permanecessem inalterados nos demais 11 meses do ano, a medida de inflação registraria 5%, mas a rigor não poderíamos dizer que se trata de um processo inflacionário "verdadeiro", na falta de palavra melhor.

Na prática, não há registro, até onde sei, de nada semelhante ao descrito anteriormente, mas, para fins de entendimento da inflação, é preciso distinguir processos de elevação persistente de preços daqueles que parecem ser acidentais (por exemplo, aumento no preço do tomate causado por problemas climáticos), da mesma forma que tentamos separar elevações pontuais de alguns preços de processos mais generalizados.

Digo isso porque há um tanto de ciência e outro tanto de arte na leitura dos números de inflação. Nesse caso, assim como em tantos outros que encontraremos nos próximos capítulos, há uma definição precisa de um determinado fenômeno econômico (no caso à mão, a inflação como *elevação persistente do nível geral de preços*), mas que, no encontro com a realidade, frequentemente tem que ser adaptada a uma complexidade consideravelmente maior.

DA BELEZA DA TEORIA À FEIURA DOS FATOS: ÍNDICES DE PREÇO

Os índices de preços são a representação do compromisso entre a precisão da definição teórica e a difícil realidade. Já fomos apresentados – muito brevemente, é verdade – ao IPCA, o índice oficial de inflação no país. É hora de conhecê-lo de forma mais detalhada.

O IPCA, bem como outros índices, pode ser pensado como uma cesta de bens e serviços. O responsável pelo seu cálculo – o Instituto Brasileiro de Geografia e Estatística (IBGE) – realiza periodicamente pesquisas para determinar o que consome uma "típica" família brasileira.

Típica aqui também vem entre aspas, porque a pesquisa em que se baseia o IPCA cobre um universo de famílias com rendimentos de 1 a 40 salários-mínimos, isto é, um público bastante heterogêneo. Um índice relacionado, também calculado pelo IBGE, é o INPC, o Índice Nacional de Preços ao Consumidor, cujo foco são as famílias que recebem até 5 salários mínimos (o complemento "Amplo" no IPCA se refere precisamente ao universo mais extenso coberto por esse índice em comparação ao INPC).

Em ambos os casos, o IBGE realiza uma Pesquisa de Orçamentos Familiares (POF), em que busca determinar o que cada família consome, agrupados em nove itens, a saber:

(1) *Alimentação e bebidas* (o que é gasto no supermercado, feira, restaurantes, bares etc.); (2) *Habitação* (incluindo aluguel, produtos de limpeza, gás, energia etc.); (3) *Artigos de residência* (móveis, eletrodomésticos, entre outros); (4) *Vestuário*; (5) *Transportes* (público, como ônibus e metrô, e custos do transporte privado, como combustíveis, pedágios, manutenção etc.); (6) *Saúde e cuidados pessoais* (médicos, convênios, remédios, maquia-

gem); (7) *Despesas pessoais* (manicure, cinema, cigarros etc.); (8) *Educação* (cursos, material escolar etc.); e finalmente (9) *Comunicação* (telefonia, internet, TV a cabo).

Não é preciso muito para desconfiar que há diferenças consideráveis entre os orçamentos de famílias que ganham até 5 salários mínimos e aquelas que recebem até 40 salários mínimos. Em particular, o INPC é muito mais sensível a variações nos preços dos alimentos do que o IPCA, enquanto este é mais afetado, por exemplo, pelos preços das escolas privadas.

À parte as diferenças entre índices, note que o orçamento estimado para o IPCA não é o gasto de **cada** família com cada um dos 383 produtos acima mencionados, mas uma **média** de um conjunto de famílias bem diferentes entre si, compreendendo desde aquelas que recebem 1 salário mínimo até famílias com renda de 40 salários mínimos e, portanto, um padrão de gasto muito distinto.

A imagem, muito conhecida entre os estatísticos, da cabeça no forno e os pés na geladeira, enquanto nos preocupamos apenas com a temperatura média, é perfeita para esse caso. A inflação, medida pelos índices de preço, é uma média dos aumentos (e reduções) de preços a cada período (no caso, um mês), ponderada pelo peso de cada produto na POF.

Concretamente, no IPCA, a conta de luz (tecnicamente "energia elétrica") tem peso equivalente a cerca de 4% do orçamento familiar, enquanto refrigerantes têm peso praticamente dez vezes menor (perto de 0,4%). Assim, um aumento de 10% na tarifa de energia implica aumento de 0,4% na inflação do mês, enquanto o mesmo aumento no preço dos refrigerantes tem impacto de 0,04% na inflação do mês, quase imperceptível.

Isso gera pelo menos dois problemas quanto à percepção da inflação em relação ao número divulgado a cada mês. Em primeiro lugar, o orçamento utilizado pelo IBGE é uma média: para usar apenas o exemplo anterior, há famílias que não consomem refrigerantes (troco minha parte por cerveja) e cuja conta de luz representa bem mais do que 4% do seu gasto mensal, assim como há outras cujo padrão de consumo pode ser o oposto (mais refrigerante, menos energia – sei lá como mantêm a Coca gelada!). A verdade é que provavelmente ninguém está exatamente na média do orçamento estimado pelo IBGE.

O segundo ponto é mais sutil, mas não menos verdadeiro. Elevações de preços observadas em itens de peso elevado no IPCA (energia e gasolina, por exemplo) chamam a atenção, enquanto variações de muitos produtos de peso pequeno (mesmo que sua soma acabe representando um naco relativamente maior do orçamento doméstico) passam despercebidas.

Para complicar ainda mais o quadro, o IPCA é calculado com base em preços (e orçamentos) pesquisados em nada menos do que 16 regiões metropolitanas (eram 13 até abril de 2018 e 11 até o final de 2013). Há, portanto, uma taxa de "inflação" para cada região metropolitana, cuja média (devidamente ponderada) é apresentada como o número nacional. À heterogeneidade de renda (um espectro que cobre, como notado, de 1 a 40 salários mínimos), soma-se a heterogeneidade regional, mesmo porque produtos que são consumidos em algumas cidades simplesmente não fazem parte dos orçamentos familiares em outras (o consumo de chimarrão em Salvador deve ser particularmente baixo, ao contrário do que ocorre em Porto Alegre).

Para resumir a barafunda, a inflação oficial é uma média das variações de preços de 383 produtos, calculada em 16 regiões metropolitanas e ponderada pelo peso médio no orçamento de famílias que cobrem desde pobres até ricos (de 1 a 40 salários mínimos). São médias, de médias, de médias. Se você não se reconhece no número de inflação oficial, portanto, não se preocupe: não está sozinho.

INTERPRETAÇÃO DOS NÚMEROS DE INFLAÇÃO: A OPÇÃO NUCLEAR

Isto obviamente não quer dizer que o número de inflação não deva ser levado a sério, muito pelo contrário, mas significa que deve ser interpretado com muito cuidado.

No meu caso, por dever de ofício, tenho que esquadrinhar o número a cada divulgação, exercício que nem sempre (para ser sincero, bem raramente) consegue levar a alguma sacada genial sobre a inflação, mas serve para impor alguma disciplina na análise. Não espero, claro, que o eventual leitor examine a estatística do IBGE por múltiplos ângulos, mas há alguns aspectos que, por vezes, a imprensa chama a atenção e que, por conta disso, vale a pena elucidar.

Um desses aspectos é o chamado "núcleo" de inflação. Em geral, ao pronunciar a palavra "núcleo", há uma chance bastante elevada de perder o interlocutor, que pode se assustar com um conceito que remete à física, ou à química, mas tomo aqui esse risco. Quem chegou até aqui já encarou coisa pior.

Na verdade, essa discussão sobre "núcleo" é uma extensão natural daquela definição de inflação que usamos logo no começo do capítulo: a elevação *persistente* do nível *geral* de preços. Como vimos, não nos interessam, pelo menos não para entender o comportamento da inflação, variações que afetam uns poucos produtos, nem flutuações pontuais de preços, como a elevação do preço do bacalhau na Páscoa ou dos panetones no final do ano.

A ideia, assim, é "limpar" o número de tudo que pareça acidental ou temporário, de modo a termos uma visão mais nítida de como a inflação se comporta. Assim sendo, e dada a fragilidade institucional do país e a permanente tentação do governo para "fajutar" dados econômicos, é importante que isso seja feito de maneira transparente, em particular, deixando claro que não estamos mexendo com a medida oficial de inflação, mas, sim, observando o fenômeno por óticas complementares.

A medida mais tradicional – e, ouso dizer, a mais fácil de entender – define o "núcleo" como a inflação oficial, limpa do efeito de alimentos consumidos no domicílio, bem como os chamados "preços administrados", isto é, gasolina (e demais combustíveis), energia elétrica, tarifas de telecomunicação, ônibus e similares. Na prática, portanto, medimos o aumento médio de preços de tudo que não é alimento ou preços (de uma forma ou de outra) determinados pelo governo.

Essa medida ajuda a entender o comportamento da inflação porque os preços dos alimentos costumam variar muito, caindo na época da safra e subindo na época da entressafra, sem que essas variações necessariamente impliquem uma tendência persistente de alta (ou de baixa). Já os preços administrados pelo governo em geral são ajustados de maneira menos frequente, o que tende a exacerbar a inflação oficial em determinados períodos (e subestimá-la em outros), e também são sujeitos à influência política.

Por exemplo, no governo Dilma, tanto os preços de combustíveis como as tarifas de energia foram artificialmente represados (quando não reduzidos), em parte para ajudar a conter o índice oficial de inflação. Assim, o IPCA atingiu 5,9% em 2013 e 6,4% em 2014, em ambos os anos acima da meta para inflação (4,5%), mas ainda abaixo do limite de tolerância para aquele período (6,5%), apenas porque os preços administrados estavam sujeitos a um sério controle, particularmente em 2013, quando subiram apenas 1,5%.

Já o "núcleo" descrito mostrava que a inflação dos produtos que não eram alimentos, nem tinham seus preços controlados pelo governo, atingira 7,2% em 2013 e 6,6% em 2014, em ambos os casos superior ao limite de tolerância. A análise dessa estatística revelava, portanto, que o comportamento da inflação era ainda pior do que o sugerido pelo número oficial, enquanto, em outros momentos, mostrou o contrário.

Deixo claro aqui que não serve de nenhum consolo para as famílias – especialmente as mais pobres – que consomem gás, ou energia, ou produtos da feira, saber que o "núcleo" de inflação está mais baixo do que a inflação oficial. Um economista que afirmasse para uma mãe de família que acabou de encarar um aumento do botijão de gás que ela não devia se preocupar, porque esse reajuste não seria capturado pelo "núcleo" de inflação, certamente mereceria ser corrido de lá com cachorros nas pernas.

Do ponto de vista das famílias, o que interessa (com todas as ressalvas já expostas anteriormente e mais algumas) é seu custo de vida, que engloba tanto alimentos quanto serviços cujos preços são determinados pelo governo. As medidas de "núcleo" de inflação (há outras além da brevemente descrita) devem ser entendidas como instrumento de análise que ajuda a entender a natureza do aumento de preços, em particular o quanto dele é geral e persistente, em oposição a localizado e temporário, para que o analista possa inferir a real força do processo inflacionário.

A OPÇÃO NUCLEAR E O BANCO CENTRAL

É nesse sentido que se deve, acredito, avaliar uma proposta frequente quanto à orientação do Banco Central do Brasil (BC).

Desde o início de 1999, o BC está sujeito ao regime de metas para a inflação. Assim, em junho de cada ano, o Conselho Monetário Nacional (CMN) – que compreende, em sua atual composição, o ministro da Economia, o presidente do BC e o secretário especial de fazenda do Ministério da Economia (todos indicados pelo presidente da República) – determina uma meta para a taxa de inflação medida pelo IPCA, em geral até dois anos à frente. Ao BC cabe, então, manejar seus instrumentos para fazer com que a inflação siga a trajetória de metas determinada pelo CMN, ou seja, pelo Poder Executivo.

A discussão dos instrumentos do BC fica para outro capítulo, mas, independentemente dela, na forma da organização atual do regime, a meta de inflação está definida em termos do IPCA propriamente dito. Há quem defenda, porém, que a meta de inflação deveria ser definida com relação a uma medida de inflação supostamente menos volátil que o IPCA, ou seja, alguma medida de "núcleo", similar em espírito à apresentada anteriormente.

A ideia por trás da proposta é supostamente tornar mais fácil a vida do BC, mas depende fundamentalmente da crença de que essa medida de inflação seja menor do que a registrada pelo IPCA (e que, óbvio, o valor numérico da meta permaneça o mesmo).

Digamos que isso seja verdade, isto é, que o "núcleo" fique sistematicamente abaixo da inflação estimada pelo IPCA. Nesse caso, o BC estaria obrigado a calibrar suas políticas para fazer com que esse "núcleo" de inflação permaneça ao redor de, digamos, 4% a cada ano. Mas isso, por hipótese, faria com que o IPCA aumentasse mais do que 4% ao ano, ou seja, o custo de vida das famílias subiria mais do que a meta do BC. Não é preciso um grande esforço de imaginação para concluir que sob tais circunstâncias a credibilidade dessa política seria muito baixa.

Da mesma forma que o economista ingênuo acima descrito, também o presidente do BC seria corrido pelas donas de casa a quem fosse explicar que sua política está adequada porque o "núcleo" de inflação ficou na meta, enquanto a alta do gás, dos planos de saúde, da comida e da energia elétrica corrói a renda familiar.

Uma última palavra, e prometo que não teremos mais que ficar discutindo o assunto. No Brasil (bem como em outros países), houve muitos episódios de "expurgos" e manipulações do índice de inflação, atitude que certamente não colabora para a credibilidade dos institutos. Nesse sentido, mesmo que os "núcleos" de inflação não sejam usados para fins oficiais (para medir a meta de inflação ou corrigir as dívidas do governo, por exemplo), é importante que haja transparência de critérios.

Em primeiro lugar, deve haver ampla publicidade acerca da definição dos critérios empregados. No caso examinado, o "núcleo" é definido como a inflação de tudo que não seja comida (e bebida) consumida no domicílio, nem produtos cujos preços sofrem interferência do governo de plantão. Essa metodologia (bem como outras) deve ser pública e facilmente replicável por analistas, que podem, assim, atestar a validade dos números.

Além disso, uma vez definidos esses critérios, não devem ser mudados, muito menos por casuísmo (tipicamente para mostrar uma inflação menor do que a seria registrada caso o critério permanecesse o mesmo), de modo que os números assim gerados possam ser comparados ao longo do tempo e não sejam percebidos como tentativa de manipular os índices de inflação para benefícios políticos, ou como confisco (mal) disfarçado.

Resumindo, os "núcleos" de inflação são analiticamente úteis para ajudar a distinguir o que parece ser acidental e temporário (e, portanto, menos relevante) do que é geral e persistente (e, portanto, mais importante para o entendimento do processo inflacionário). Por outro lado, não parece ser boa ideia usá-los para fins oficiais, por deixarem de lado parte do "verdadeiro" custo de vida, bem como pelos riscos de interferência do governo, seja para mascarar a inflação, seja para, de alguma forma, reduzir o valor de suas dívidas.

QUALIDADE E INFLAÇÃO

Resta um último tópico, talvez nem tão importante para a realidade brasileira, mas que já deu pano para manga em países de inflação muito baixa. Para entendê-lo, peço ao leitor que se desvie, ainda que momentaneamente, do mundo da economia e visite o reino da informática para conhecer o que ficou conhecido como a Lei de Moore (*Moore's Law*, no original). Essa lei, formulada por Gordon Moore, afirmava que o número de componentes por circuito integrado (o *chip* do computador) dobra a cada ano. O resultado é que a cada ano a capacidade computacional das máquinas cresce, mas seu preço muitas vezes permanece estável (ou varia um pouco). Assim, quando os institutos de pesquisa de inflação medem o preço de um computador de um ano para outro e registram valores semelhantes aos do ano anterior, eles, na verdade, deixam de capturar a significativa melhora de desempenho das máquinas.

Posto de outra forma, por não conseguirem levar em consideração o efeito de melhora do produto, índices de inflação tendem a superestimar o real aumento de preços. Isso, obviamente, não afeta toda cesta de consumo das famílias, mas alguns produtos mais do que outros.

A Comissão Boskin, assim chamada por ter sido presidida pelo economista Michael Boskin, aferiu para os EUA que o índice de preços ao consumidor teria superestimado a inflação, por ignorar esse efeito (bem como alguns outros) em cerca de 1,3% ao ano, isto é, em média, teria registrado uma taxa de inflação anual 1,3 ponto percentual acima da "verdadeira" taxa de inflação.

No caso do Brasil, cuja taxa de inflação é historicamente mais elevada, essa magnitude não parece ser tão relevante. Em países de inflação baixa, porém, a superestimação pode ter efeitos colaterais importantes, como o reajuste de pensões e aposentadorias nos EUA. De qualquer forma, vale guardar a informação: provavelmente, a medida de inflação superestima em algum grau o real aumento dos preços por não conseguir distinguir melhoria de qualidade em alguns produtos.

PARA CONCLUIR

Ao final da jornada, o que guardar para a próxima vez que for abrir, nem que seja por acaso ou curiosidade mórbida, as páginas do caderno de economia?

Em primeiro lugar, lembre-se de que, por mais velha conhecida que nos pareça, inflação é um animal um pouco mais complicado do que julgamos. A começar porque, muito embora a definição econômica seja muito precisa, ela não tem uma correspondência tão clara com a realidade.

Há limitações quanto ao uso de índices (para não mencionar a enorme variedade de medidas de inflação no Brasil, herança de nosso longo período hiperinflacionário), em particular sua representatividade para cada família no país. Ademais, nem tudo que os índices registram deveria ser considerado como inflação, de acordo com nossa definição. Movimentos pontuais e temporários de preços, como argumentamos, fazem parte do funcionamento normal da economia, mas por vezes se confundem com a alta persistente do nível geral de preços.

Para ajudar a distinguir o pontual-temporário do geral-persistente, usamos medidas alternativas de inflação, que, se bem empregadas, podem iluminar essa distinção importante. Não devem, portanto, ser confundidas com manipulação ou "expurgo", a menos, é claro, que sejam fruto de critérios obscuros, alterados ao sabor das circunstâncias de forma inconsistente.

Isso dito, vamos encarar no próximo capítulo um animal ainda mais complicado.

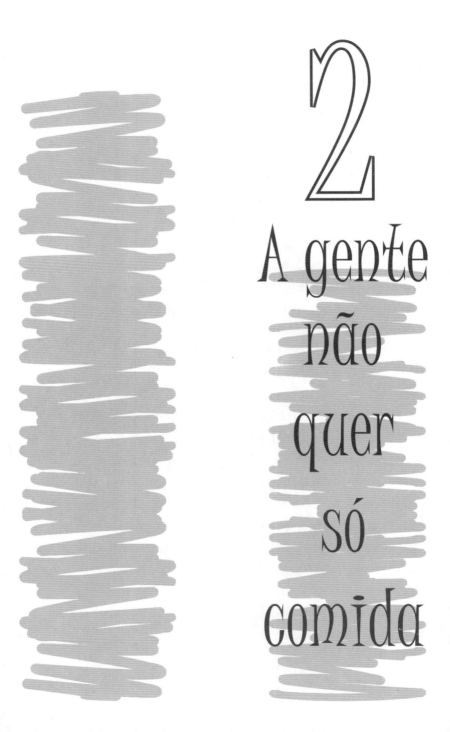

2
A gente não quer só comida

A inflação está presente não só no dia a dia, mas também nas páginas dos jornais (na minha última conta, há perto de 20 divulgações de números relativos à inflação a cada mês). Por outro lado, as medidas de atividade econômica, da qual a mais famosa e importante é o Produto Interno Bruto (PIB), são bem mais escassas e, de modo geral, bem menos sujeitas à atenção do distinto público.

Foi Maria da Conceição Tavares quem afirmou que "gente não come PIB". É bem verdade que o contexto em que tal afirmação veio à luz era de baixo crescimento, e a economista, conhecida por suas paixões partidárias, tentava, então, justificar a falta de dinamismo da economia sob o governo de seu partido, mas, se até um relógio parado acerta duas vezes por dia, o que impediria Tavares de ocasionalmente atingir a marca, mesmo que pelos motivos errados?

Pela minha experiência, o número do PIB é notícia apenas no dia seguinte de sua divulgação (na internet, apenas no mesmo dia de sua divulgação), porque ninguém se lembra dele logo depois. Não por falta de importância, como veremos, mas porque, acredito, está muito distante do cotidiano das pessoas.

Obviamente, as pessoas "sentem" a atividade econômica de alguma maneira: quando a economia esquenta, empresários vendem mais, pessoas acham empregos com mais facilidade, salários tipicamente aumentam, convertendo-se em novas compras etc., muito embora seja difícil para cada um de nós individualmente colocar um número ao lado dessa "sensação térmica". Da mesma forma, quando a economia esfria, as pessoas percebem. John Kenneth Galbraith, economista conhecido pelo seu mordaz senso de humor, certa vez disse: "recessão é quando seu vizinho está desempregado; depressão é quando **você** está desempregado".

A medida de PIB (e seu irmão menos comentado, o Produto Nacional Bruto, ou PNB) é uma tentativa de medir esse fenômeno, que, tal como a inflação, é mais bem definido em termos teóricos do que em sua contrapartida prática. Mesmo do ponto de vista teórico, porém, há ressalvas importantes quanto ao conceito, que, apesar disso, continua sendo, por boas razões, a melhor (menos pior?) forma de medir a atividade da economia e, de maneira ainda mais imperfeita, um conceito ainda mais complicado, o bem-estar.

O QUE É O PIB E PARA QUE SERVE?

O que é o PIB? *É a soma do valor da produção de uma determinada economia* (sempre pensamos num país, mas pode ser um estado, um município, um continente, ou mesmo o mundo) *num dado período de tempo* (tipicamente um ano ou um trimestre: fica muito caro medir o PIB em frequência maior que a trimestral).

Há um detalhe crucial nessa definição: quando se fala em valor de produção, pensamos na produção de bens finais, que são usados para atender o consumo das famílias, o investimento de famílias e empresas, o consumo do governo, ou ainda os bens finais vendidos ao exterior na forma de exportações. Nesse sentido, por exemplo, contamos o valor do automóvel vendido à família, mas não somamos a ele o valor do aço utilizado para fabricá-lo, nem da borracha dos pneus ou de seus componentes eletrônicos.

A razão é simples: o valor pelo qual o carro foi vendido já incorpora o valor de seus componentes; se os contássemos em conjunto com o carro, incorreríamos em dupla contagem. Assim, como regra, o valor da produção de produtos intermediários (os insumos, como o aço para automóveis, o trigo para o macarrão, os *chips* para um celular) não deve ser adicionado ao valor dos bens finais para a estimativa do PIB.

Um exemplo simples pode ajudar. Imagine uma economia cujo único produto seja pão. São produzidos 10 pães por ano (realismo é uma qualidade superestimada na ótica deste livro) ao preço de $ 2/pão. O PIB é $ 20/ano.

Note-se que há outra forma de calcular o PIB que gera exatamente o mesmo resultado.

Para produzir o pão, é necessário trigo. São produzidas 20 sacas de trigo a $ 0,75/saca. O valor do *consumo intermediário* é, portanto, $ 15/ano. As padarias gastam, portanto, $ 15/ano, mas vendem seus pães, como vimos, por $ 20, ou seja, adicionam $ 5/ano ao valor do trigo comprado dos produtores.

Assim, o PIB pode ser calculado como $ 15/ano referente ao valor adicionado pelo produtor de trigo, mais $ 5/ano referente ao valor adicionado pela padaria, ou seja, os mesmos $ 20/ano, mas agora vistos pela ótica do valor adicionado a cada estágio de produção. Posto de outra forma, o PIB é tanto o valor dos produtos finais ou a soma do valor adicionado em cada momento do processo produtivo. Ambas as perspectivas produzem o mesmo valor.

O SALTO DA TEORIA À REALIDADE

Saindo do mundo de um só produto, a tarefa dos institutos estatísticos (no caso do Brasil, o IBGE) fica bem mais complexa (e bem mais cara). Sem entrar na questão dos produtos individuais, o IBGE mede a produção em cada setor da economia.

No caso da agricultura (e pecuária), isso envolve a coleta de estatísticas sobre a produção física do setor (toneladas de soja, sacas de café, número de carcaças abatidas etc.), bem como dos preços praticados.

O setor industrial, por sua vez, subdivide-se em indústria extrativa mineral (petróleo, gás, ferro etc.), indústria de transformação (alimentícia, têxtil, automotiva etc.), construção civil e os chamados Serviços Industriais de Utilidade Pública (SIUP), como produção de energia, distribuição de gás, água e esgoto. A tarefa é mais complexa, mas, até aqui, estamos falando de coisas cuja medida é relativamente simples na comparação com o que vem à frente, como toneladas de minérios, milhões de barris, quantidade de carros, metros cúbicos de gás distribuídos e volume de esgoto tratado.

Já o setor de serviços é mais vasto (tipicamente responsável por mais de 60% do PIB), e também muito mais diverso (compreendendo desde telecomunicações e transporte a serviços domésticos, passando por aluguéis e intermediação financeira, entre outras atividades), por isso é muito mais difícil de medir.

Há um processo de aperfeiçoamento constante à medida que os institutos desenvolvem novas formas de medir aspectos da atividade econômica. No começo de 2007, por exemplo, o IBGE divulgou novas estimativas do PIB brasileiro para o período 1995 a 2006, sugerindo valores de 7% a 11% maiores do que os estimados anteriormente, em boa parte pela reavaliação do tamanho do setor de serviços à luz de novas fontes e métodos de medida.

Considerando, portanto, a complexidade do tema, não é de estranhar que a maioria das pessoas, na verdade todo mundo à exceção dos economistas profissionais, ignore o resultado do PIB logo depois de sua divulgação. Rende manchetes de jornal, alguma briga nas redes sociais (em geral "fundamentadas" em dados que não fazem qualquer sentido) e só.

Isso não significa, contudo, que o conceito não tenha relevância, nem que meça coisas desimportantes, muito pelo contrário.

PIB, ATIVIDADE ECONÔMICA E BEM-ESTAR

A medida do PIB na prática não é tão próxima como gostaríamos de sua contrapartida teórica. Ainda assim, creio – e é esta a mensagem que quero passar – que se move razoavelmente alinhada com a atividade econômica real e, com certo exagero, também com o bem-estar. Em particular, o aumento do PIB se traduz em movimento na mesma direção do emprego total e vice-versa.

Assim, por exemplo, entre 2014 e 2016, enquanto o PIB brasileiro caiu pouco mais de

6,5%, o emprego se reduziu em 1,5% (cerca de 1,5 milhão de postos de trabalho); já o aumento do PIB de 2016 a 2018, ainda que modesto (2,2%), foi acompanhado de elevação de 1,5% do emprego, que retornou aos níveis de 2014. Não é por outro motivo que a taxa de desemprego se move na direção oposta ao crescimento do produto, tema a que retornaremos mais adiante.

E não é apenas isso. Níveis mais elevados de PIB estão tipicamente associados a melhores condições de vida. Países mais ricos (no quesito PIB *per capita*, ou seja, já devidamente considerado o tamanho de sua população) apresentam menor mortalidade infantil, maior expectativa de vida, melhores serviços de saúde, oferta mais ampla de bens culturais (museus e bibliotecas, por exemplo), dentre vários aspectos da vida que geralmente valorizamos.

Esse é o principal motivo pelo qual seguimos o PIB também como medida de bem-estar, mas há problemas. Atividades que aparecem somando ao PIB podem produzir efeitos negativos sobre o bem-estar, e não é difícil imaginar o porquê. Indústrias altamente poluidoras afetam a saúde da população; shopping centers em determinadas vizinhanças pioram o trânsito da região; represas geram impactos ambientais potencialmente ruins em termos de biodiversidade; e a lista poderia ser estendida sem maiores dificuldades.

É bom que se diga que não há grande controvérsia entre economistas acerca das vantagens e também das limitações do PIB. Todavia, como há poucas alternativas, ele ainda é utilizado como a principal medida não só de atividade, mas também – com certo salto de fé – de bem-estar.

ALTERNATIVA AO PIB: O IDH

A alternativa mais comum ao PIB é o Índice de Desenvolvimento Humano (IDH), que busca incorporar à dimensão econômica outros aspectos da vida humana. Desde 2010, o IDH mede (além do PIB *per capita*) a longevidade dos habitantes de determinada economia (tipicamente um país, embora haja medidas de IDH para entidades subnacionais), capturada pela expectativa de vida ao nascer, e o acesso ao conhecimento, medido por anos médios de estudo e anos esperados de escolaridade.

Na prática, porém, o efeito do IDH é remover os países produtores de petróleo do Oriente Médio (muito ricos, mas com má qualidade de vida para a população) do topo dos *rankings*. Com efeito, 7 dentre os 10 países com melhor IDH estão também na lista dos 10 maiores PIBs *per capita*, se excluirmos da segunda lista os produtores de petróleo. E se tratássemos dos 20 maiores IDHs e 20 maiores PIBs *per capita*, a sobreposição ficaria ainda maior.

O motivo não é complicado: à parte os países produtores de petróleo do Oriente Médio, tipicamente despóticos, os países mais ricos, conforme argumentado, também são os que apresentam melhor qualidade de vida. O *ranking* pode não ser idêntico, mas a própria construção do IDH faz com que a composição (não necessariamente a ordem) seja bastante similar.

Há, é bom que se diga, aspectos que também não são capturados pelo IDH, principalmente na questão ambiental, de modo que o debate está longe de encerrado, mas, ao menos por enquanto, não estamos muito errados ao associar o PIB *per capita* ao bem-estar, com as devidas ressalvas.

A ECONOMIA "SUBTERRÂNEA"

Outro problema na medida do PIB é a dificuldade de capturar a economia "subterrânea". Por "subterrânea" entendem-se as atividades informais e/ou ilegais, que, por motivos óbvios, não produzem estatísticas de qualidade, mas que representam meios pelos quais pessoas ganham a vida, ainda que de maneira, digamos, não convencional. Em particular, por menos que gostemos do que faz um traficante de drogas, ele pratica uma atividade econômica, também com consequências negativas, como nos casos de poluição mencionados, mas, ao contrário destas, não incluída no PIB.

Ou, pelo menos, não era. Embora no caso brasileiro essas atividades ainda não sejam contabilizadas, em outros países, as agências oficiais começaram recentemente a medir e incluir no cálculo do PIB tanto as vendas de drogas como a prostituição, seguindo recomendação da União Europeia para harmonizar as estatísticas, já que em alguns países, notadamente na Holanda, ambas as atividades são lícitas.

Nos EUA, no estado de Nevada, onde a prostituição é legal, ela é incluída na categoria "outros serviços pessoais", juntamente com planejamento de festas (podemos imaginar que tipo de festas!) e treinadores pessoais (*"personal trainers"*).

No caso, por exemplo, do Reino Unido, onde ambas as atividades permanecem ilegais, as estimativas do seu produto incluem, entre outras fontes de informação, o confisco de drogas pela polícia, bem como a prisão de profissionais do sexo.

No caso da Itália, as novas estimativas "aumentaram" o PIB em cerca de 1%, enquanto na Espanha o impacto foi um pouco menor, 0,8%. O menor impacto foi observado na Alemanha (onde mais?): apenas 0,1% sobre as estimativas anteriores.

ATIVIDADES DOMÉSTICAS E O PIB

Ainda no quesito "arbitrariedades nos critérios de definição do PIB", há uma discussão antiga, que já aparecia no principal livro-texto da disciplina nos anos 1960, escrito por Paul Samuelson, aqui adaptada para um mundo menos machista.

No exemplo de Samuelson, um homem casava com sua faxineira e reduzia o PIB. Eu, seguindo a tradição da minha *alma mater*, a Universidade da Califórnia, em Berkeley, busquei eliminar estereótipos na adaptação que fiz do exemplo.

Imagine que Cris empregue Gabi como motorista e lhe pague um salário. Trata-se de atividade econômica e, como tal, seria devidamente contabilizada no PIB. Caso, porém, Cris e Gabi se casem e Gabi siga dirigindo para Cris, esse serviço desapareceria do cálculo do PIB, encolhendo a medida do produto, muito embora Cris continuasse dispondo rigorosamente dos mesmos serviços, o que Samuelson, um dos maiores economistas do século XX, atribuía ao "curioso hábito de excluir serviços domésticos do PIB". Em particular, no Brasil de hoje, onde as mulheres são ainda as principais responsáveis pelas tarefas domésticas, esses serviços seguem ausentes do PIB.

TAMANHO *VS.* TAXA DE CRESCIMENTO DO PIB

Ao final das contas, o tamanho do PIB muito provavelmente subestima – e não por pouco – a real dimensão da atividade econômica, considerados a ilegalidade, a informalidade, os serviços domésticos e outras dificuldades. Ao mesmo tempo, provavelmente, superestima o bem-estar, considerando que muitas das atividades ali incluídas produzem efeitos colaterais negativos. Temos que nos resignar a isso, até que se desenvolvam novas métricas para aferir tanto o tamanho da economia como o bem-estar proporcionado aos cidadãos.

Por outro lado, há bons motivos para crer que o ritmo de variação do PIB (tipicamente positivo, mas ocasionalmente negativo) deva capturar de maneira mais precisa se a economia cresce ou não, e a que velocidade. É bastante razoável imaginar que atividades ilícitas ou informais se movam na mesma direção que as demais (não necessariamente no mesmo passo), de modo que períodos de expansão da medida de PIB devem corresponder a períodos de expansão da economia e vice-versa. Nesse sentido, a taxa de crescimento do produto é provavelmente uma informação mais valiosa do que as estimativas do seu tamanho.

O MERCADO DE TRABALHO E SUA RELAÇÃO COM O PIB

Em particular, retomando um tema mencionado, variações na taxa de desemprego estão intimamente ligadas às variações do PIB, uma relação que é conhecida entre economistas como Lei de Okum, em homenagem a Arthur M. Okum, economista que primeiro desvendou tal regularidade. Essa lei (ou, pelo menos, uma de suas versões) postula que a taxa de desemprego se reduz sempre que o crescimento do produto supera sua taxa de crescimento sustentável.

Assim, caso se estime, por exemplo, que uma economia pode crescer ao ritmo sustentável (mais comumente chamado de "potencial") de, digamos, 2% ao ano, a taxa de desemprego só cairia quando o crescimento efetivo superasse o potencial. Pode parecer estranho uma taxa de crescimento superior à potencial, mas é bem mais comum do que aparenta: qualquer economia que apresente inicialmente taxas de desemprego muito altas pode crescer por algum tempo acima de sua taxa potencial, precisamente por dispor de reservas de mão de obra que podem ser mobilizadas para aumentar a produção.

É claro que não é possível crescer indefinidamente a taxas superiores ao potencial da economia. De acordo com a Lei de Okun, como a taxa de desemprego cai quando o crescimento supera o potencial, a persistência desse fenômeno nos levaria eventualmente a taxas negativas de desemprego, que são uma impossibilidade econômica.

Na verdade, bem antes disso, a taxa de desemprego atingiria limites que, se ultrapassados, teriam consequências bastante negativas, principalmente, mas não apenas, do lado da inflação. Esse tópico será objeto de análise em outro capítulo, quando analisarmos o papel do Banco Central no controle da inflação por meio de sua política de juros, mas fica aqui o gancho para o assunto.

A MEDIDA DO DESEMPREGO E SEUS MUITOS PROBLEMAS

Isso dito, precisamos definir com um pouco mais de cuidado o que tipicamente mede a taxa de desemprego, bem como explorar medidas alternativas desse fenômeno.

No caso da definição mais comumente aceita (e empregada na maioria dos países do mundo), o ponto inicial é a determinação da *po-*

pulação em idade de trabalhar (anteriormente chamada de População em Idade Ativa, ou PIA); no caso do Brasil, definida como aqueles com mais de 14 anos.

Entre essa população, a pesquisa de emprego (no Brasil, Pesquisa Nacional por Amostra de Domicílios, a PNAD contínua) pergunta se o indivíduo faz parte da *força de trabalho*, isto é, se trabalha ou se buscou trabalho na semana de referência. Caso positivo, o indivíduo é classificado dentro da força de trabalho (anteriormente designada como População Economicamente Ativa, ou PEA); caso contrário, é considerado fora da força de trabalho.

No caso da medida convencional da taxa de desemprego, interessa apenas o primeiro grupo. A taxa de desemprego resulta da divisão do número de desocupados (dentre aqueles que participam da força de trabalho) pelo tamanho da força de trabalho. No quadro a seguir, que resume o mercado de trabalho brasileiro no terceiro trimestre de 2018, havia 105,1 milhões de pessoas na força de trabalho (dentre 170,3 milhões de pessoas em idade de trabalhar), das quais 92,6 milhões estavam ocupadas e 12,5 milhões desocupadas. A taxa de desemprego naquele momento era, portanto, (12,5 ÷ 105,1) × 100 = 11,9%.

Há nuances do mercado de trabalho que não são capturadas por essa definição. Por exemplo, dentre os 92,6 milhões de ocupados, 85,8 milhões diziam estar trabalhando horas suficientes, enquanto 6,8 milhões diziam trabalhar *menos* do que gostariam. Tais pessoas estão claramente *subocupadas*, mas a estatística mais simples não exprime esse fato. Se, porém, somarmos às pessoas desocupadas (12,5 milhões) as subocupadas (6,8 milhões), temos um total de 19,3 milhões de pessoas. A *taxa de desemprego e subocupação* era, portanto, (19,3 ÷ 105,1) × 100 = 18,4% no terceiro trimestre de 2018.

Do lado das pessoas que não estão na força de trabalho, é também possível achar quem gostaria de trabalhar se houvesse oportunidade, a chamada *força de trabalho potencial*, que no terceiro trimestre de 2018 chegava a 8 milhões de pessoas.

Somada à força de trabalho definida de maneira mais estreita, esse total atingia 113,1 milhões de pessoas (105,1 + 8,0), grupo denominado *força de trabalho ampliada*. Já o conjunto total de desocupados (12,5 milhões), subocupados (6,8 milhões) e força de trabalho potencial (8,0 milhões) atingia 27,3 milhões de pessoas. Medida como proporção dos 113,1 milhões presentes na força de trabalho ampliada, tínhamos uma *taxa de subutilização* da mão de obra equivalente a (27,3 ÷ 113,1) × 100 = 24,1%.

Colocado de outra forma, a taxa de subutilização era praticamente o dobro da taxa de desemprego (24,1% *vs.* 11,9%), revelando um mercado de trabalho ainda mais frouxo do que o sugerido pelo elevado desemprego.

Não se trata de uma jabuticaba, ou seja, de algo que existe apenas no Brasil. Nos EUA, por exemplo, a cada mês, o *Bureau of Labor Statistics* divulga nada menos do que seis diferentes medidas de desemprego. A taxa oficial, conhecida como U3, é calculada de forma similar à brasileira; já a taxa mais ampla, U6, costuma ser quase duas vezes superior à medida oficial.

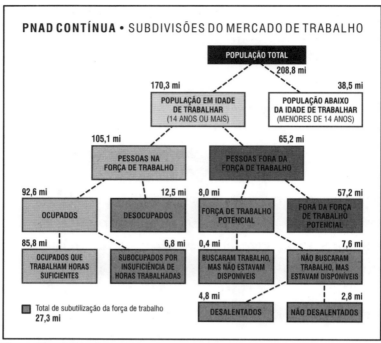

Fonte: Pnad Contínua – 3º trimestre de 2018.

Qual é a taxa correta? Na verdade, depende do foco da análise e, como no caso do dilema entre o tamanho do PIB e sua taxa de variação, talvez mais relevante do que o nível da taxa de desemprego propriamente dita, o que interessa é se está se elevando ou decaindo ao longo do tempo.

Isso dito, para fins de comparação internacional, a taxa mais utilizada é a primeira que apresentamos, cuja metodologia é basicamente a mesma em todas as economias relevantes do mundo, isto é, a proporção de desocupados na força de trabalho definida de forma estreita.

POR QUE AS TAXAS DE DESEMPREGO DIFEREM ENTRE PAÍSES?

As diferenças entre países refletem, além do estágio do ciclo econômico (se a economia enfrenta uma recessão ou um período de crescimento), também características próprias de cada país.

Há países com mercados de trabalho bastante regulados, ou nos quais os sindicatos ainda detêm muito poder, assim como há países cuja regulação é bastante leve, ou sindicatos pouco poderosos. Há ainda a possibilidade de trabalho informal em alguns países e não em outros. A composição demográfica também afeta o desemprego total, já que costuma ser mais alto entre jovens do que entre trabalhadores maduros.

Tais características, assim como outras tantas, tipicamente se traduzem em taxas de desemprego distintas mesmo no caso de países que estejam em fase similar no ciclo econômico.

No período que se seguiu à crise financeira, nos EUA, por exemplo, a taxa de desemprego saltou de 5% para 10% entre o início de 2008 e o final de 2009, retornando aos 5% apenas em 2015. Já na Espanha, em período similar, o desemprego mais do que triplicou, de 8% para 26% e, embora em queda desde 2013, ainda se encontrava na casa de 14% em meados de 2019.

Já a Alemanha, cuja taxa de desemprego permaneceu acima de 10% (era conhecida como "o doente da Europa") de 1995 a 2005, sofreu pouco durante a crise financeira, e hoje apresenta números na casa de 5%, o que muitos analistas atribuem à desregulamentação do mercado de trabalho promovida pelo Partido Social-Democrata no início do século, mas que, depois disso, jamais ganhou outra eleição federal.

Assim, muito embora haja certa uniformidade no que diz respeito à metodologia de cálculo do desemprego, as estimativas em diferentes países tipicamente mostram números muito díspares, que não podem ser atribuídos apenas à variação do PIB (o ciclo econômico, em outras palavras) naquele momento, mas que refletem particularidades de cada economia. Nesse aspecto, a relativa uniformização do cálculo ajuda a iluminar as diferenças entre as organizações institucionais (ou demográficas) entre os vários países (ou mesmo regiões de um determinado país).

A PNAD

A propósito, apenas para encerrar a discussão sobre desemprego, no Brasil, a pesquisa nacional de desemprego (PNAD) é relativamente recente, compreendendo o período a partir de março de 2012. Antes disso, a taxa de desemprego era medida pela Pesquisa Mensal do Emprego (PME), em apenas seis regiões metropolitanas do país.

Há um período de sobreposição das pesquisas que revela que, embora as estimativas de desemprego normalmente se movessem na mesma direção (isto é, se o desemprego medido pela PME caía, o medido pela PNAD fazia o mesmo), a PNAD mostrava uma taxa de desemprego em média 33% mais alta do que a medida pela PME. Fica, portanto, um alerta: não comparem diretamente as taxas de desemprego antes e depois de 2012, porque muito provavelmente estarão lidando com estatísticas calculadas de forma bastante distinta no que se refere, no mínimo, ao escopo geográfico das pesquisas.

PARA CONCLUIR

Pensando bem, à luz de todas essas dificuldades, é bastante possível que a postura das pessoas que ignoram o resultado do PIB logo depois das manchetes seja a correta. O tamanho do PIB (e do PIB *per capita*) e seu ritmo de crescimento são muito frequentemente associados ao sucesso econômico de uma determinada administração, como no caso do "milagre brasileiro" no final dos anos 1960 e início dos anos 1970.

Já o mau desempenho da mesma medida em 2015 e 2016 deu origem ao movimento "apesar da crise", que consistia em apoiadores do governo de plantão afirmando que, apesar da queda do PIB no período, 3 lojas teriam sido abertas em Maricá e 19 pneus vendidos em algum remoto rincão do sertão paraibano. Embora jamais vocalizado, por óbvio, esse tipo de postura revela o desconforto que causam números negativos associados à atividade econômica.

Em outras palavras, trata-se hoje de um número bastante politizado, muito embora a imensa maioria das pessoas não saiba como é feito, suas vantagens, seus muitos limites. Bem usado, é bastante útil para ajudar a entender como evolui a atividade econômica, bem como o que podemos esperar em termos de emprego (e desemprego), que, no final das contas, talvez seja o mais relevante para o dia a dia das pessoas.

3
O governo, seus gastos, suas dívidas e o que sobra para nós

Sob determinados ângulos, os problemas enfrentados por governos se assemelham aos que afligem famílias, embora haja diferenças importantes. Na primeira parte deste capítulo, enfatizaremos o que é comum; mais para o final, destacaremos as características distintas.

O ORÇAMENTO FAMILIAR E O DO GOVERNO

Em comum, famílias e governo enfrentam um fato simples da vida: caso gastem mais do que recebem, ou suas dívidas aumentam ou têm que tirar recursos de alguma reserva feita no passado. De uma forma ou de outra, gastos superiores à receita fazem com que o patrimônio financeiro (a diferença entre o que possuem e o que devem) encolha. Como veremos, isso não é necessariamente um pecado: como quase tudo, depende das circunstâncias. Também como quase tudo, porém, não é um processo que possa ser mantido indefinidamente. Cedo ou tarde, a conta chega.

Voltemos ao casal do capítulo anterior, Cris e Gabi, cuja renda mensal conjunta supomos ser $ 100/mês e que, até agora, moram de favor. Prudentes, gastam apenas o que ganham e mantêm $ 10 no banco (para evitar complicações desnecessárias com possível rendimento de juros, vamos supor que deixem o dinheiro em conta corrente, sem qualquer remuneração). Assim, entra mês, sai mês, a situação financeira deles permanece rigorosamente inalterada, seguindo de perto o conselho de Polônio a Laertes, em *Hamlet*, de Shakespeare: *"Não empreste, nem peça emprestado: quem empresta perde o amigo e o dinheiro. Quem pede emprestado já perdeu o controle de sua economia."*

Aparece, contudo, uma oportunidade: podem comprar na planta um apartamento ainda em construção, confortável, bonito e muito bem localizado, cujo valor (que acreditam justo) é $ 1,2 mil, equivalente à sua renda anual. O problema, óbvio, dados os números anteriores, é que não têm o dinheiro para pagar por ele.

Decidem, assim, pedir um financiamento no banco, em condições que também julgam favoráveis: juros de 1% ao ano e só começar a amortizar a dívida depois de cinco anos. Por outro lado, têm que pagar $ 12/ano ($ 1/mês) para o banco a título de juros.

Antes, portanto, da aquisição do apartamento, Cris e Gabi apresentavam um orçamento equilibrado: despesas se igualavam às receitas, de modo que não precisavam sequer mexer na sua reserva financeira e, como nada deviam, também não precisavam pagar juros. Seu resultado, sem considerar o pagamento de juros (também chamado de "resultado primário"), era nulo, com receitas e despesas anuais de $ 1.200, e seu resultado total também era zero, já que não havia gasto com juros. Seu patrimônio financeiro era $ 10, o valor de seus depósitos no banco.

Déficits e dívida de Cris e Gabi
(com pagamento integral de juros)

Ano	Receita	Gasto primário	Gasto juros	Resultado primário	Resultado total	Caixa	Dívida	Patrimônio financeiro	Dívida/ receita
	(I)	(II)	(III)	(IV) = (I) - (II)	(V) = (IV) - (III)	(VI)	(VII)	(VIII) = (VI) - (VII)	(VII)/ (I)
0	1.200	1.200	0	0	0	10	0	10	0%
1	1.200	2.400	0	-1.200	-1.200	10	1.200	-1.190	100%
2	1.200	1.188	12	12	0	10	1.200	-1.190	100%
3	1.200	1.188	12	12	0	10	1.200	-1.190	100%
4	1.200	1.188	12	12	0	10	1.200	-1.190	100%

Quando, porém, adquiriram o imóvel, aumentaram naquele ano seus gastos (primários) em $ 1.200, ou seja, incorreram num déficit de $ 1.200, cuja contrapartida é a elevação do seu endividamento nesse mesmo montante.

A partir desse momento, eles têm que pagar $ 12/ano a título de juros sobre o financiamento imobiliário. Como casal responsável, para evitar novos déficits, decidem reduzir seus gastos primários nesse valor (de $ 1.200/ano para $ 1.188/ano) para manter o orçamento novamente equilibrado. Passam, portanto, a registrar um resultado primário positivo ($ 12/ano), suficiente para quitar os juros sobre a dívida. O resultado é que a dívida e o patrimônio financeiro permanecem constantes ao longo dos demais anos.

O exemplo de Cris e Gabi é, claro, muito simples, mas ilustra questões importantes.

A primeira delas é a **restrição orçamentária**. Apesar do nome, ela não significa nenhuma proibição ao gasto em excesso à receita; apenas que a contrapartida de gastos superiores à receita é a elevação da dívida, ou, de forma mais precisa, a redução do patrimônio financeiro.

De fato, como mostrado na tabela anterior, no ano em que compraram o apartamento, Cris e Gabi incorreram num déficit de $ 1.200, que reduziu seu patrimônio financeiro de $ 10 para - (menos) $ 1.190. Só há déficits, portanto, se houver aumento da dívida (ou redução do patrimônio financeiro); da mesma forma, a redução da dívida (ou aumento do patrimônio financeiro) só pode ocorrer por força de superávits, isto é, receitas superiores aos gastos.

O PESO DOS JUROS

Outra questão importante diz respeito à decisão do casal sobre como enfrentar o pagamento de juros sobre a dívida incorrida. No caso, resolveram reduzir as despesas não financeiras (primárias) pelo exato montante do pagamento de juros, gerando um resultado primário positivo (**superávit primário**) e um saldo orçamentário total zerado, de modo a manter sua dívida inalterada de um ano para outro.

O papel do superávit primário é, nesse caso, o de garantir o pagamento (integral, no nosso exemplo) dos juros, impedindo o crescimento da dívida, que poderia pôr em perigo a situação financeira do casal.

De fato, é ilustrativo ver o que ocorreria caso Cris e Gabi não tivessem tomado essa decisão e mantido seus gastos primários no mesmo nível que vigorava antes da aquisição do apartamento.

Nesse caso, no segundo ano, teriam registrado um resultado primário nulo (receitas ainda iguais a gastos não financeiros) e não teriam recursos para pagar os juros. Teriam, portanto, que recorrer novamente ao banco, tomando $ 12 emprestados para pagar os juros devidos (vamos supor que pagam a mesma taxa de juros de 1% ao ano para não complicar indevidamente as contas). Sua dívida no final do segundo ano subiria para $ 1.212, conforme ilustrado na tabela a seguir.

**Déficits e dívida de Cris e Gabi
(sem pagamento de juros)**

Ano	Receita (I)	Gasto primário (II)	Gasto juros (III)	Resultado primário (IV) = (I) - (II)	Resultado total (V) = (IV) - (III)	Caixa (VI)	Dívida (VII)	Patrimônio financeiro (VIII) = (VI) - (VII)	Dívida/receita (VII)/(I)
0	1.200	1.200	0	0	0	10	0	10	0%
1	1.200	2.400	0	-1.200	-1.200	10	1.200	-1.190	100%
2	1.200	1.200	12,0	0	-12,0	10	1.212	-1.202	101%
3	1.200	1.200	12,1	0	-12,1	10	1.224	-1.214	102%
4	1.200	1.200	12,2	0	-12,2	10	1.236	-1.226	103%

No terceiro ano, a conta de juros seria um pouco maior, $ 12,1, pois a taxa de juros incidiria sobre uma dívida mais alta. Caso os gastos primários permanecessem iguais às receitas, o déficit seria também de $ 12,1, aumentando a dívida para $ 1.214, não $ 1.212.

Assim, *na ausência de um ajuste dos gastos primários*, a cada ano a dívida aumentaria e com ela o gasto com juros no período seguinte, levando ao crescimento cada vez mais rápido da dívida. A relação entre a dívida e a receita do casal, 100% no primeiro ano, chegaria a 103% no quarto ano e continuaria a crescer.

AJUSTANDO O ORÇAMENTO PARA PAGAR OS JUROS

As opções para Cris e Gabi a essa altura se estreitam: podem reduzir seus gastos primários (o que em economês se denomina **ajuste fiscal**), mas como o leitor já deve ter percebido, quanto mais tempo demorarem tanto maior será o corte necessário; alternativamente, podem não fazer qualquer ajuste, mas, como também o leitor já concluiu, passa a ser uma questão de tempo para a dívida se tornar impagável, muito superior à renda anual do casal.

Em contraste com o primeiro caso, em que há um

superávit primário exatamente do tamanho necessário para pagar os juros sobre a dívida, nesse caso, a ausência de qualquer ajuste faz com que a renda cresça ao mesmo ritmo da taxa de juros, ou seja, 1% ao ano.

Caso haja déficits primários, ou seja, gastos não financeiros superiores à receita, a dívida cresceria ainda mais rápido do que a taxa de juros. Na ausência de qualquer ajuste nos gastos, o banco que empresta o dinheiro usado para pagar os juros irá em algum momento perceber que a dívida cresce sem parar, em particular mais rápido que a renda familiar e que Cris e Gabi não terão condições de pagar os juros, muito menos de quitar a dívida. Assim, para evitar prejuízos ainda maiores, o banco para de emprestar; Cris e Gabi não conseguem pagar os juros e agora correm o risco de perder o imóvel.

Não é necessário um enorme esforço de imaginação para transplantar a história de Cris e Gabi para o contexto de governos, de maneira geral, a começar pela referida restrição orçamentária, isto é, a relação entre o crescimento da dívida e os déficits (gastos acima da receita), bem como o papel dos superávits primários (e da taxa de juros) na determinação do ritmo de crescimento da dívida.

Caso o governo em algum momento incorra em déficit, como Cris e Gabi, terá que se endividar e, a partir daí, pagar juros sobre a dívida. Se não poupar para pagar os juros, a dívida crescerá indefinidamente, não em termos absolutos, mas medida como proporção da renda.

Durante algum tempo, seus credores (não só bancos, mas também instituições como fundos de renda fixa, fundos de pensão, investidores individuais etc.) podem se mostrar dispostos a continuar emprestando, mas também acabarão percebendo que a situação é insustentável caso não haja ajustes. Nesse caso, pararão de emprestar dinheiro ao governo (concretamente, pararão de comprar novos "papagaios" do Tesouro); consequentemente, o governo não conseguirá sequer pagar os juros de sua dívida. No linguajar de mercado, entrará em *default*; de uma maneira mais prosaica, dará um calote nos credores.

É aqui que aparecem possíveis diferenças entre uma família e o governo, mas vou pedir um pouco de paciência para deixar esse assunto mais para frente.

A história, de fato, ainda está incompleta. Para início de conversa, porque supusemos, para facilitar a explicação, que Cris e Gabi continuavam recebendo o mesmo valor ano após ano, o que tipicamente não é verdade.

CRESCER PARA AJUSTAR

Para uma visão mais realista do problema, vamos supor que a renda familiar cresça 1% ao ano (o mesmo valor da taxa de juros, uma suposição nada inocente, como veremos) a partir do segundo ano, logo depois de incorrer no déficit original.

Para manter a coisa interessante, vamos supor também que Cris e Gabi gastem toda essa renda adicional, isto é, que continuam com seu resultado primário zerado e, portanto, déficits orçamentários equivalentes ao pagamento de juros. Como vimos acima, a dívida aumenta, de $ 1.200 para $ 1.212, depois para $ 1.224, $ 1.236 e assim por diante.

Déficits e dívida de Cris e Gabi
(sem pagamento de juros, renda cresce 1%)

Ano	Receita	Gasto primário	Gasto juros	Resultado primário	Resultado total	Caixa	Dívida	Patrimônio financeiro	Dívida/receita
	(I)	(II)	(III)	(IV) = (I) - (II)	(V) = (IV) - (III)	(VI)	(VII)	(VIII) = (VI) - (VII)	(VII)/(I)
0	1.200	1.200	0	0	0	10	0	10	0%
1	1.200	2.400	0	-1.200	-1.200	10	1.200	-1.190	100%
2	1.212	1.212	12,0	0	-12,0	10	1.212	-1.202	100%
3	1.224	1.224	12,1	0	-12,1	10	1.224	-1.214	100%
4	1.236	1.236	12,2	0	-12,2	10	1.236	-1.226	100%

Todavia, a relação entre a dívida e a renda do casal permanece inalterada (veja a última coluna da tabela). Da mesma forma, os gastos com juros seguirão constantes como proporção da renda, indicando que sua capacidade de pagamento se mantém inalterada, mesmo que não façam qualquer ajuste de suas despesas. Assim, Cris e Gabi podem preservar seu padrão de vida sem receio de que a dívida cresça além de sua capacidade de pagamento e possa causar sua falência.

Esse resultado decorre diretamente da suposição de que a taxa de juros incidente sobre a dívida seja igual ao crescimento da renda: conforme mostramos, a dívida, num cenário de resultado primário zerado, cresce à mesma velocidade da taxa de juros; se a renda crescer no mesmo ritmo da taxa de juros (no nosso exemplo, 1% ao ano), a relação entre dívida e renda, bem como juros e renda, permanecerá constante.

Isso, porém, não será verdade se houver divergências entre o ritmo de crescimento da renda e a taxa de juros (é neste sentido que nossa hipótese de crescimento da renda igual à taxa de juros não era inocente).

Já vimos o que ocorreria caso o juro superasse o crescimento (no caso 1% contra 0%): ou Cris e Gabi apertam os cintos e economizam $ 12/ano, compensando via corte de gastos o custo de sua dívida, ou perderão o crédito com o banco.

Não é difícil imaginar o que ocorreria caso a renda crescesse mais rápido do que a taxa de juros (por exemplo, 2%): a dívida, medida como proporção da renda, cairia a cada ano. Como se vê na tabela a seguir, *mesmo gastando toda renda adicional*, a relação entre dívida e renda cairia de 100% para 99%, depois

98%, 97% e assim por diante. Da mesma forma, a proporção da renda gasta com juros seria cadente.

Déficits e dívida de Cris e Gabi
(sem pagamento de juros, renda cresce 2%)

Ano	Receita	Gasto primário	Gasto juros	Resultado primário	Resultado total	Caixa	Dívida	Patrimônio financeiro	Dívida/ receita
	(I)	(II)	(III)	(IV) = (I) - (II)	(V) = (IV) - (III)	(VI)	(VII)	(VIII) = (VI) - (VII)	(VII)/ (I)
0	1.200	1.200	0	0	0	10	0	10	0%
1	1.200	2.400	0	-1.200	-1.200	10	1.200	-1.190	100%
2	1.224	1.224	12,0	0	-12,0	10	1.212	-1.202	99%
3	1.248	1.248	12,1	0	-12,1	10	1.224	-1.214	98%
4	1.273	1.273	12,2	0	-12,2	10	1.236	-1.226	97%

Posto de outra forma, *mesmo sem qualquer ajuste do lado dos gastos*, a capacidade de pagamento melhoraria a cada ano.

Trata-se de um resultado importante e geral. Quanto mais rápido for o crescimento da renda na comparação com a taxa de juros, mais forte é a tendência de queda da relação entre a dívida e a renda, bem como entre a despesa de juros e renda.

Assim, tanto famílias quanto países que crescem rapidamente têm melhores condições de manter seu endividamento sob controle; já países que crescem devagar enfrentam dificuldades muito maiores para atingir esse objetivo e precisam, portanto, de bem mais cuidado do lado dos gastos.

Para entender isso, voltemos ao caso em que a renda cresce 1% ao ano (o mesmo que a taxa de juros), mas suponhamos agora que Cris e Gabi decidam poupar a renda extra, isto é, não cortam seus gastos primários, mas também não os aumentam, destinando a receita adicional para o pagamento de juros. Assim, já no segundo ano (ver tabela a seguir), poupariam $ 12, o suficiente para pagar a totalidade de juros devidos naquele período, ou seja, seu orçamento voltaria a ser equilibrado e a dívida permaneceria em $ 1.200.

Déficits e dívida de Cris e Gabi
(com pagamento de juros, renda cresce 1%)

Ano	Receita (I)	Gasto primário (II)	Gasto juros (III)	Resultado primário (IV) = (I) - (II)	Resultado total (V) = (IV) - (III)	Caixa (VI)	Dívida (VII)	Patrimônio financeiro (VIII) = (VI) - (VII)	Dívida/ receita (VII)/(I)
0	1.200	1.200	0	0	0	10	0	10	0%
1	1.200	2.400	0	-1.200	-1.200	10	1.200	-1.190	100%
2	1.212	1.200	12,0	12	0,0	10	1.200	-1.190	99%
3	1.224	1.200	12,0	24	12,1	10	1.188	-1.178	97%
4	1.236	1.200	11,9	36	24,5	10	1.163	-1.153	94%

No terceiro ano, contudo, poupariam $ 24, mais do que pagamento de juros, gerando um superávit de $ 12 em seu orçamento e, portanto, pagando um pedaço da dívida e reduzindo, dessa forma, o pagamento de juros no período seguinte. Como a renda cresce novamente, o resultado primário fica ainda maior, $ 36, no quarto ano, levando a um superávit orçamentário de $ 24,5, nova queda de dívida, menores juros e assim por diante.

Embora a renda não cresça tão rápido quanto no caso anterior, a trajetória de queda da relação entre a dívida e a renda é ainda mais acentuada: ao final do quarto ano, a dívida teria caído para 94% da renda, contra 97% da renda no exemplo anterior. Da mesma forma, o peso do pagamento de juros como proporção da renda familiar cai ao longo do tempo, eliminando o risco de calote.

Transplantando essa situação para o caso nacional, mesmo países que crescem pouco podem obter uma trajetória de queda de seu endividamento (medido como proporção da renda) ainda mais rápida, sem necessariamente passar por um corte de seus gastos: basta mantê-los inalterados, destinando o crescimento da receita para a formação de um superávit primário e consequente pagamento (parcial ou total) dos juros incidentes sobre a dívida.

GOVERNOS *VS.* FAMÍLIAS: COMO A CRIAÇÃO DE DINHEIRO MUDA A HISTÓRIA

Isso dito, a analogia entre famílias e governo tem seus limites. A restrição orçamentária vale para ambos, mas a forma de lidar com ela pode ser bastante distinta, bem como as consequências.

Ao contrário de Cris e Gabi, o governo tem o poder de criar moeda, ou, de forma equivalente, ele pode – sujeito a limites importantes, que examinaremos à frente – determinar a taxa de juros.

Antes, porém, de entender como essa diferença pode (ou não) levar a resultados distintos, vamos considerar casos em que governos *não* têm esse poder. Em particular, se o governo deve numa moeda sobre a qual não detém nenhum controle, sua situação é análoga à enfrentada por Cris e Gabi.

Tivemos dois exemplos recentes: a Grécia e, um caso recorrente, a Argentina. A dívida grega era (e é) denominada na moeda comum europeia, o euro. O montante de euros em circulação e a taxa de juros da Zona do Euro não são determinados pelo governo grego nem pelo Banco da Grécia (seu banco central), mas pelo Banco Central Europeu, seguindo regras que examinaremos em capítulos posteriores.

Já no caso da Argentina, por razões ligadas à histórica (e merecida) desconfiança acerca da moeda nacional, a dívida é tipicamente denominada em dólares, também fora de controle do governo e do Banco Central da República Argentina.

Nesse sentido, ambos os países têm que lidar com o problema da restrição orçamentária da mesma forma que uma família: caso a dívida (e a carga de juros) seja crescente (com relação à renda), torna-se questão de tempo que credores tomem a decisão de parar de emprestar a esses governos sem que haja indicações de ajuste das contas públicas. Não é por outro motivo que ambos protagonizaram os maiores calotes que se tem notícia no mundo das finanças internacionais.

Há, porém, governos que controlam, por meio de seus bancos centrais, a quantidade de dinheiro em circulação, ou a taxa de juros básica da economia, que costuma também balizar o custo da dívida do próprio governo. Vamos nos fixar no último caso, que também costuma ser o mais comum.

Assim, se o governo apresenta déficits e uma dívida elevada, sobre a qual incidem juros, ele se encontra em posição similar à de Cris e Gabi quando não economizam o suficiente para pagar os juros de sua dívida: esta última cresce persistentemente. Todavia, ao contrário de Cris e Gabi, que não têm qualquer controle sobre a taxa de juros, esse governo pode impor a seu banco central que fixe uma taxa de juros bastante baixa, por exemplo, inferior ao crescimento do produto (e da renda), quando não inferior à própria inflação.

Em tal situação, as condições de pagamento se tornam bem melhores: o crescimento da economia gera mais receitas, e, se a taxa de juros for inferior à inflação, na prática, as pessoas estão pagando ao governo pelo privilégio de lhe emprestar. Assim sendo, por que governos que têm esse poder (de fixação da taxa de juros, ou da quantidade de moeda em circulação) não fazem isso?

A resposta é que muitas vezes eles fazem exatamente isso. Porém, quando o banco central fixa a taxa de juros, não com o objetivo de manter a inflação próxima a alguma meta, mas, sim, para aliviar o fardo da dívida governamental, a inflação sobe e, em muitos casos, se nenhuma correção de rumo acontecer, evolui para processos inflacionários crônicos, quando não para a hiperinflação.

Nesses casos, com a taxa de juros inferior à inflação, o governo devolve menos dinheiro a seus credores do que tomou emprestado. Concretamente, o dinheiro devolvido depois de, digamos, um ano, consegue comprar menos do que conseguia originalmente: as pessoas, na prática, ficam mais pobres.

Posto de outra forma, provocar inflação para pagar a dívida é equivalente a não pagar um pedaço daquela dívida, ou seja, também é um "calote", mas um "calote" disfarçado. A capacidade de emissão de moeda ou o controle da taxa de juros não livram governos da restrição orçamentária.

O mecanismo preciso do "calote" pode ser distinto. Cris e Gabi (assim como Grécia e Argentina) podem perder seu crédito junto ao banco caso suas finanças estejam fora de ordem e levem a uma trajetória de endividamento crescente, o que acaba por forçá-los a interromper o serviço de sua dívida (os juros devidos) aos bancos e, portanto, ao "calote".

Já governos que devem na moeda por eles controlada podem recorrer à inflação para reduzir o valor real da dívida (isto é, o poder de compra dos credores), mas na prática deixam de pagar a quem lhe emprestou o
que havia sido previamente combinado, ainda que de forma dissimulada.

LIÇÕES QUE FICAM

São duas as lições que ficam. A primeira, devidamente explorada ao longo deste capítulo, mostra a necessidade de famílias (e governos) manterem o controle do endividamento. Muito embora dívidas sejam por vezes condenadas (até hoje os títulos da dívida do Reino Unido são conhecidos como "Gilt", cuja raiz é a mesma de "*guilt*", ou seja, culpa), não há, a princípio, nada de errado com o mecanismo em si, apesar das advertências de Polônio a Laertes, citadas no início do capítulo. Cris e Gabi não teriam seu apartamento sem dívidas, assim como a imensa maioria das pessoas em qualquer lugar do mundo.

Crédito é uma das mais poderosas criações da humanidade, e há quem atribua o domínio do Reino Unido entre o final do século XVIII e início do século XX, ao menos em parte, à capacidade de o governo britânico tomar emprestadas grandes quantias a custo baixo, precisamente, porque parou de renegar suas dívidas.

Como qualquer instrumento, contudo, não pode ser abusado. A manutenção de níveis moderados, que não comprometam parcela exagerada da renda de famílias (e governos) permite o acesso a bens de elevado valor unitário (imóveis, veículos etc.) que não seriam possíveis em outras circunstâncias. A contrapartida é a necessidade de ajuste das finanças pessoais e públicas para garantir que essas condições permaneçam, sem o que a consequência será o "calote", explícito ou disfarçado.

A segunda lição diz respeito às famílias enquanto credoras de governos (o que é mais comum) ou de empresas (o que é menos comum). Não se deve ignorar a trajetória de endividamento: se esta revela uma expansão persistente da dívida com relação à capacidade de pagamento, sem medidas de ajuste, há sempre presente o risco de receber bem menos do que originalmente acordado.

Mais do que promessas do governo de plantão, seus credores devem observar o que é feito de concreto para garantir que a dívida seja paga integralmente. Fazendo isso, podem se poupar de grandes desapontamentos, como aqueles que recorrentemente assombram habitantes de um país vizinho.

4

Do Uber à crise da dívida

Quem tem mais de 40 anos há de lembrar, espero que sem saudades, da época em que periodicamente ministros da Fazenda e presidentes do Banco Central apareciam em rede nacional explicando mais um conjunto de medidas econômicas (devidamente apelidadas de "pacote") para lidar com as recorrentes crises externas do país. Normalmente, envolviam, entre outras medidas, uma desvalorização da moeda nacional, ou seja, um dólar mais caro, pesadelo para quem tinha viagem marcada ao exterior ou, ainda pior, para quem dependia de importações, subitamente encarecidas, e quase um presságio de morte para quem devia em dólar.

Atribui-se ao ex-ministro da Fazenda (governo Geisel) e Planejamento (governo Figueiredo) Mario Henrique Simonsen, um dos grandes economistas brasileiros, a frase: "a inflação aleija; o balanço de pagamentos mata". Vinda de alguém que durante anos penou na luta contra a inflação, a frase é reveladora.

Por mais difícil que seja controlar a inflação num país que convivia, então, com taxas dentre as mais elevadas do mundo, de uma forma ou de outra, a vida seguia, com complicações, mas seguia. Já quando o dólar virava mercadoria escassa, o país passava por colapsos contra os quais não havia correção monetária, conta remunerada, aplicação financeira ou qualquer outro remédio usado como proteção contra a inflação que bastasse. Todo mundo, com raríssimas exceções, entrava na dança. Por quê?

POR QUE HÁ COMÉRCIO ENTRE NAÇÕES?

O primeiro passo para entender como esse evento afeta a vida das pessoas requer entender por que, em primeiro lugar, as nações se engajam no comércio internacional, fenômeno que não difere radicalmente de uma decisão tão cotidiana quanto chamar o Uber...

Considere, por exemplo, um consultor cujas opiniões são particularmente valiosas. Ao sair de casa para o trabalho, ele encara uma escolha: dirigir seu próprio carro ou tomar um Uber. Essa decisão seria trivial se o motorista do Uber dirigisse melhor do que ele; nesse caso, chamaria o motorista e deixaria o carro em casa.

A escolha mais interessante se daria caso ele dirigisse melhor que o motorista, ao menos no caminho entre sua casa e o escritório, expresso, por exemplo, em sua capacidade de chegar mais rápido ao trabalho, presumivelmente sem violar nenhuma regra de trânsito. Mesmo sob tais circunstâncias, porém, a melhor escolha seria provavelmente chamar o motorista.

O motivo, como o leitor já deve ter percebido, é simples: no carro, nosso consultor pode dedicar seu tempo a atender clientes, ganhando bem mais do que aquilo que paga ao motorista de Uber. Se a viagem demorar, como ocorre por vezes nas grandes cidades brasileiras, perto de uma hora, nosso mago da consultoria pode atender clientes em seu celular, com acesso a seu tablet (ou notebook), e atenção totalmente dedicada ao cliente em questão, de quem cobrará o equivalente a um rim por suas ideias extraordinariamente preciosas.

No primeiro caso, quando o motorista dirige melhor que o consultor, dizemos que o motorista tem uma **vantagem absoluta** para o serviço, ou seja, é mais produtivo que nosso executivo, que, por sua vez, tem uma vantagem absoluta na tarefa de consultoria (apesar de, pela minha experiência com motoristas de Uber ou táxi, estes se considerarem muitas vezes capazes de resolver todos os problemas do país).

No segundo caso, o consultor tem vantagens absolutas em ambas as atividades: dirige melhor e presta uma consultoria superior àquela imaginada pelo motorista. Possui, todavia, uma **vantagem comparativa** na prestação de aconselhamento. O termo "comparativa" se refere à alternativa de uso do seu tempo para consultoria relativamente ao uso dele para a atividade de dirigir um carro.

Como deve ficar claro pelo nosso exemplo, a troca entre pessoas é guiada pelo princípio das vantagens comparativas: cada um se especializa naquilo que produz melhor, não na comparação com outros indivíduos, mas **na comparação com as demais atividades a que pode se dedicar.**

A ideia de que a troca vale a pena, mesmo se o consultor for mais produtivo que o motorista em ambas as atividades, é desafiadora, para dizer o mínimo. De fato, instado pelo matemático Stanislaw Ulam, que nutria certo desprezo pelas ciências sociais, a apresentar uma proposição ao mesmo tempo verdadeira e não trivial, o prêmio Nobel de Economia Paul Samuelson citou o princípio das vantagens comparativas (enunciado no início do século XIX). Em suas palavras: "O fato de essa ideia ser logicamente verdadeira não precisa ser explicado para um matemático; quanto a ser não trivial é provado por milhares de pessoas importantes e inteligentes que não conseguem compreendê-la ou acreditar nela mesmo depois de ter-lhes sido explicado".

Esse mesmo princípio rege as trocas entre países. Imagine um mundo em que há dois países, *Motoristávia* e *Consultorius*, com dois produtos, carros e computadores. Mesmo que Consultorius seja mais produtivo do que Motoristávia tanto na produção de carros quanto de computadores, o país ganhará mais caso se especialize na produção daquilo em que sua mão de obra é *comparativamente* mais produtiva (como a consultoria em nosso exemplo anterior), por exemplo, carros, deixando para Motoristávia a produção do outro bem (como os serviços de direção do motorista), no caso, computadores.

O comércio internacional não é, portanto, um jogo de soma zero, assim como também não é um jogo de soma zero a troca de bens e serviços entre pessoas. Pelo contrário, a troca, ao permitir que cada um se especialize naquilo que é *comparativamente* mais produtivo, eleva o produto total (o PIB, sobre o qual falamos no capítulo "A gente não quer só comida").

Deve ser óbvio, porém, que no mundo real nem todas as trocas entre países refletem vantagens comparativas. Governos tipicamente intervêm no comércio internacional, nem sempre por bons motivos (no mais das vezes para proteger setores bem conectados politicamente).

UMA OUTRA TROCA: CONSUMO HOJE PELO CONSUMO AMANHÃ

No entanto, não vamos nos aprofundar nos detalhes da teoria do comércio internacional, mas, sim, notar que esse mesmo princípio pode ser estendido a um outro tipo de troca entre países, a troca entre consumo hoje e consumo amanhã.

Trata-se de troca que nós mesmos fazemos cotidianamente. Se compramos mais do que ganhamos, nos endividando, como vimos no capítulo anterior, antecipamos o consumo hoje. Em troca, como teremos que pagar o que devemos, reduzimos o consumo amanhã. Um país que consome mais hoje do que produz, "compra" consumo hoje e "vende" consumo amanhã. Já países que produzem mais do que consomem, "vendem" consumo hoje e "compram" consumo amanhã.

A troca de consumo hoje por consumo amanhã é guiada rigorosamente pelo mesmo princípio de vantagem comparativa. No caso, a "produção" de consumo hoje é idêntica à decisão de poupança (abrir mão do consumo), enquanto a produção de consumo amanhã equivale a se endividar hoje para pagar amanhã.

Note-se que, por mais que a fábula da cigarra e da formiga force sua entrada nesse exemplo, não há, *a priori*, um julgamento moral sobre consumir hoje ou amanhã. Algumas sociedades preferem consumir hoje (têm vantagem comparativa em produzir consumo amanhã); outras no futuro (e, portanto, apresentam vantagem comparativa na produção de consumo hoje). Não há métrica que diga qual delas está melhor, já que o bem-estar de cada uma depende precisamente da sua preferência entre consumir agora ou depois.

Alerto que estamos usando consumo num sentido lato do termo, englobando toda forma de demanda. Imagine, por exemplo, um país que tenha uma grande oportunidade agora para desenvolver, digamos, um enorme campo de petróleo, mas que não dispõe de todos os recursos necessários para o investimento. É possível se endividar hoje para investir e gerar no futuro os recursos necessários para repagar os empréstimos.

OS RISCOS DA TROCA E A FALTA DE DÓLARES

Há, obviamente, riscos, como bem demonstra não só a história brasileira, como a de muitos países.

A começar porque nem sempre há garantia de que os investimentos terão sucesso, em particular se forem realizados sob influência do setor público, como no caso de vários países latino-americanos, Brasil inclusive. Se os recursos tomados emprestados para bancar o consumo hoje forem mal-usados (estádios de futebol no lugar de estradas ou portos), o retorno pode não ser suficiente para cobrir o pagamento dos empréstimos e seus juros.

É também possível que os retornos do investimento se materializem, em linha com o esperado, mas que a taxa de juros cobrada nos empréstimos externos acabe sendo maior do que o retorno, dificultando o pagamento. Concretamente, o país devedor acaba tendo que reduzir seu consumo (amanhã) bem mais do que esperava, o que, como regra, se traduz em insatisfação, por vezes culminando em sérias crises políticas.

Não é assim, todavia, que a crise se apresenta no dia a dia. Não há a percepção generalizada sobre a necessidade de reduzir o consumo para gerar os excedentes para servir a dívida, pelo menos não numa sociedade em que a economia é descentralizada, isto é, em que o resultado no conjunto da economia se origina de milhões de decisões independentes.

Como costuma acontecer na economia de mercado, há um preço que induz à redução do consumo para gerar o excedente exportável: o preço da moeda. Nessa situação, a moeda nacional perde valor na comparação com a moeda estrangeira. Na nossa experiência diária, o dólar "sobe", isto é, mais reais são necessários para comprar US$ 1, refletindo a perda de valor da moeda nacional.

Por exemplo, ao final de 2014, eram necessários R$ 2,62 para comprar US$ 1. Naquele ano, o Brasil apresentava um déficit pouco superior a US$ 100 bilhões em suas transações com o exterior, ou seja, somando tudo o que país exportava, tanto bens (como soja ou aviões) como serviços (fretes, turismo), ainda faltavam US$ 100 bilhões para pagar tudo o que o país importava (petróleo, máquinas e equipamentos, aluguéis, *royalties* etc.).

Ao final de 2018, eram necessários R$ 3,88 para comprar US$ 1, ou seja, o dólar se encareceu quase 50%, o que significou aumento de preços das importações (menos incentivo para consumi-las) e também das exportações (fica mais interessante exportar do que vender no mercado interno). O déficit nas transações com o exterior naquele ano caiu para apenas US$ 20 bilhões.

A bem da verdade, o real veio perdendo valor (o dólar foi subindo) desde 2014, induzindo, assim, à queda do consumo relativamente à produção. Não foi a única vez que isso ocorreu na nossa história: para ficar nos eventos dos últimos 40-45 anos, houve forte desvalorização da moeda nacional entre 1982 e 1984, bem como entre 1999 e 2002, citando apenas os episódios mais conhecidos. Nesses momentos, por razões variadas, os fluxos de capitais para o país foram interrompidos, nos forçando à repentina redução do consumo relativamente à produção.

Eu me referi a episódios como esses no começo do capítulo: face à impossibilidade de arrumar dinheiro novo, o governo desvalorizava a moeda e tomava medidas para reduzir o consumo interno, de modo a equilibrar as transações do país com o exterior. No nosso cotidiano, essas crises aparecem como falta de dólares, mas refletem, na verdade, um consumo exagerado (incluindo, como notado anteriormente, investimentos de má qualidade), que se manifestam na forma de grandes déficits nas transações internacionais.

POR QUE NÃO USAMOS O REAL?

E se pudéssemos usar o real como moeda para pagamentos internacionais? Será que conseguiríamos evitar esse tipo de crise?

Pelo argumento anterior, a resposta seria "não". Embora as crises externas se manifestem como escassez de dólares, a razão última é sempre uma trajetória insustentável dos déficits com o exterior, em certo sentido não muito diferente do que foi analisado no capítulo anterior.

Acredito que nem todo mundo há de ficar muito convencido com a resposta oferecida, portanto vale a pena elaborar um pouco mais e pensar, em primeiro lugar, por que o dólar é uma moeda internacional ("conversível", no jargão econômico), enquanto o real não é (é uma moeda "inconversível").

À parte a legislação cambial restritiva brasileira, o fator mais importante é a estabilidade do dólar: à exceção de poucos momentos de inflação elevada na história recente (nos anos 1970), quem manteve sua poupança na moeda norte-americana não experimentou perdas, sob forma de calotes, confiscos, corrosão inflacionária ou outras versões de esfolamento financeiro.

O mesmo não se pode dizer do real (ou a longa lista de seus antecessores – cruzeiro real, cruzeiro, cruzado, cruzeiro novo –, que por si só já revela a instabilidade da moeda nacional). Além da inflação elevada que nos atormentou décadas a fio, houve episódios de confiscos, calotes, "tablitas" que, de uma forma ou de outra, tomaram dos poupadores parcela, por vezes substancial, de seu patrimônio.

Além disso, a economia americana, mesmo com o desafio da China, ainda permanece entre as maiores (por algumas métricas a maior) do mundo. Não apenas sua participação no comércio internacional é grande, mas seu mercado financeiro é o maior e mais diversificado.

Já o Brasil, mesmo sendo uma das seis maiores economias do planeta, é um pigmeu no comércio internacional (exportações giram ao redor de 1% do volume global), e nosso mercado financeiro é minúsculo em comparação com o de países desenvolvidos.

Por esse conjunto de razões, como regra, se quisermos usar o real em transações internacionais não teremos muito sucesso (a exceção ocorre no caso de países vizinhos, tipicamente em cidades fronteiriças, onde os reais usados originalmente por visitantes brasileiros podem ser trocados de volta por nossos produtos na próxima viagem que o *hermano* fizer ao Brasil).

No entanto, de volta à questão anterior, e se, ao invés do Brasil e do real, estivéssemos falando dos EUA e do dólar? Não há como imaginar os EUA sofrendo de escassez de dólares, claro, mas será que isso significa que são imunes a crises externas?

Mais uma vez, a resposta é negativa. Sim, os EUA obviamente não sofrem com a falta de dólares, mas, se o desequilíbrio externo persistir indefinidamente, em algum momento, investidores começarão a ficar ressabiados com a saúde da moeda e começarão a buscar alternativas. A manutenção do *status* de moeda reserva requer que o país emissor da moeda mantenha certo controle sobre ela. Caso o perca, a moeda também gradualmente perderá essa condição.

Em 1976, por exemplo, o Reino Unido teve que tomar US$ 3,9 bilhões do Fundo Monetário Internacional. À época apresentava inflação de dois dígitos, um déficit do governo oscilando de 4% a 6% do PIB e déficits externos superiores a 4% do PIB. É bem verdade que a libra esterlina não era, há muito, uma moeda reserva, mas ainda preservava a conversibilidade, isto é, era aceita em outros países do mundo. Trata-se do melhor exemplo de que ter uma moeda conversível não é condição suficiente para escapar da crise, caso as contas externas apresentem uma trajetória tida como insustentável.

O QUE APRENDEMOS?

Crises externas aparecem em nossas vidas na forma de escassez de dólares. Para combatê-la, governos tipicamente aumentam o preço do dólar, como ocorrido no Brasil em várias ocasiões, baseados na noção de que a perda de valor da moeda nacional induz as pessoas a buscarem menos produtos importados, menos viagens ao exterior, bem como a exportarem mais, sem contar a atração a visitantes estrangeiros, para quem o país torna-se subitamente mais barato.

Tais medidas são, em geral, acompanhadas por outras, também impopulares, como redução de gastos, que trabalham na mesma linha de reduzir o consumo interno e permitir a elevação das exportações. Há também, com certa frequência, a adoção de mecanismos que reduzam o acesso dos habitantes aos dólares, uma espécie de "racionamento". Enfim, não costuma ser um momento particularmente feliz na vida da nação. O balanço de pagamentos realmente mata...

Essas crises não acontecem por acaso. Resultam da possibilidade de consumir mais hoje, em troca da consumir menos no futuro. Quase todo mundo adora a primeira possibilidade, mas não gosta muito de pensar na segunda, muito menos de passar pela segunda.

E quando a crise estoura, governantes de plantão costumam tentar jogar a culpa para o resto do mundo, mas, como regra, a crise costuma ser cuidadosamente gestada ao longo de vários anos, durante o quais todos ficam felizes com o aumento do consumo doméstico, sem maiores preocupações acerca de quando a conta chegará. E ela sempre chega.

5
Como não perder dinheiro no mercado financeiro

Não falta quem queira ganhar dinheiro no mercado financeiro. Há, inclusive, quem trace paralelos entre investimentos na Bolsa de Valores e um cassino ("quero jogar na Bolsa"), por vezes inspirado nas capas de revistas semanais que trazem história de alguns felizardos que fizeram fortuna num período de crescimento de preços das ações. Aliás, embora eu não tenha qualquer pretensão a ensinar os leitores a ganhar dinheiro com ações – como vai ficar claro ao longo deste capítulo –, se há um conselho que eu possa dar é o seguinte: caso saia alguma matéria sobre Bolsa de Valores na capa de qualquer revista semanal (ou como manchete de jornal), não tenha dúvida de que é o momento para vender.

Apesar das aparências, mercado financeiro não é jogatina, ou melhor, quem acredita que se trata de jogatina pode se preparar para perder muito dinheiro, até eventualmente desistir. Um estudo dos economistas Bruno Giovannetti, Fernando Chagues e Rodrigo De-Losso ("Day Trading for a Living?", artigo publicado na SSNR, em jul/2019) mostra que nada menos do que 97% dos praticantes de compra e venda diária de ações no Brasil entre 2013 e 2015 perderam dinheiro. Menos de 0,5% dos participantes ganharam mais do que um caixa de banco. Se você leu este livro até aqui, guarde pelo menos esses números, pois possivelmente vão lhe poupar muita dor de cabeça, para não falar da dor ainda pior, aquela que se sente no bolso.

Isso não quer dizer que seja impossível ganhar (e bem) com o mercado financeiro; apenas que a abordagem tem que ser diferente da normalmente imaginada como a compra e venda frenética de papéis. Ela envolve, pelo contrário, um entendimento profundo dos determinantes do valor das promessas de pagamento (ações, dívida do governo, dívida privada e muitos outros), também conhecidas como "ativos financeiros", que tipicamente se encontram dentro daquele fundo no qual o gerente do seu banco tenta, semana sim, semana também, convencer que você invista seu suado dinheirinho.

Foge (e muito) do escopo deste livro (para não falar da competência do autor) cobrir a enormidade do mercado financeiro. Como aperitivo para esse tópico, e provavelmente mais pertinente ao dia a dia das pessoas, vamos explorar um pouco a determinação da taxa de juros, e como isso pode afetar suas aplicações financeiras e, portanto, sua vida.

A TAXA DE JUROS E O VALOR DAS PROMESSAS DE PAGAMENTO (OU ATIVOS FINANCEIROS)

A taxa de juros é possivelmente o fator de maior influência nos preços do mercado financeiro. Um exemplo muito simples deve ajudar (e prometo que será a última vez que veremos aritmética neste volume).

Considere a Letra do Tesouro Nacional (LTN), uma promessa do governo brasileiro de lhe pagar R$ 1.000,00 em determinada data, digamos, daqui a um ano. Simples assim. Não há o pagamento periódico de juros, correção monetária, amortizações, nada; apenas, repetimos, uma promessa de entrega de R$ 1.000,00 ao detentor desta Letra na data de vencimento.

Deve ficar claro que uma compradora dessa Letra não pagará R$ 1.000,00 por ela para receber R$ 1.000,00 daqui a um ano, pois o rendimento seria zero. Digamos que a compradora exija, para comprar essa LTN, um retorno de 10% ao ano. Nesse caso, ela estará disposta a pagar, no máximo, R$ 909,09 pela LTN, ou seja, a compradora recebe de volta em um ano os R$ 909,09 que pagou pelo papel, mais R$ 90,91 (a diferença entre R$ 1.000,00 e R$ 909,09), que correspondem ao rendimento da LTN, 10% ao ano (90,91 ÷ 909,09).

Se a compradora exigisse um retorno de 20% ao ano, o preço máximo que admitiria para pagar pelo papel seria R$ 833,33. O raciocínio é o mesmo: ela investiria R$ 833,33 e receberia R$ 1.000,00 em um ano, ganhando R$ 166,67 no período, ou seja, 20% do investimento original.

Já se buscasse um retorno de 5%, toparia pagar R$ 952,38 e receberia, depois de um ano, esse valor de volta acrescido de R$ 47,62, equivalente a 5% do investimento original. A tabela a seguir resume os exemplos numéricos.

Retorno exigido e preço da LTN

Exemplo	1	2	3
Taxa de retorno exigida	10%	20%	5%
Valor do investimento	909,09	833,33	952,38
Rendimento do investimento	90,91	166,67	47,62
Valor final da aplicação	1.000,00	1.000,00	1.000,00

O que se depreende desta tabela é um fato fundamental, válido para todo e qualquer ativo financeiro: quanto maior a taxa de juros, tanto menor o preço desse ativo.

Isso vale para todos os ativos (e não só para as LTNs) por uma razão muito simples. O mercado financeiro é extraordinariamente integrado: se há, digamos, uma elevação no retorno das LTNs (como no caso 1 para 2), os compradores de outros títulos do governo tirariam dinheiro dessa aplicação para comprar LTNs, mas a venda faria o preço cair até que o retorno ficasse igual ao da LTN. Na prática, isso ocorre poucos segundos (se tanto) depois da mudança do rendimento das LTNs, graças precisamente à integração profunda desse mercado.

Note que o efeito não ficaria restrito aos títulos públicos (as promessas de pagamento feitas pelo Tesouro Nacional), mas também aos privados (promessas de pagamento feitas por empresas, por exemplo, debêntures, no caso de empresas não financeiras, ou Certificados de Depósitos Bancários, no caso de bancos).

Também se estenderia a outras promessas de pagamento, como no caso das ações (uma promessa de pagamento de um pedaço dos lucros da empresa). Quando a taxa de juros sobe, tipicamente, o preço das ações cai, em linha com todas as demais promessas de pagamento emitidas e, vice-versa; quando a taxa de juros cai, os preços dos ativos financeiros tipicamente sobem.

Assim, se alguém quer ganhar dinheiro no mercado financeiro, a primeira coisa a fazer é entender o comportamento da taxa de juros: se há perspectiva de queda, é o caso de comprar; se há perspectiva de elevação, trata-se do momento de vender.

A questão passa a ser, então, como se determina a taxa de juros. Para tanto, teremos que trazer à análise mais uma instituição: o Banco Central, como regra aquele que tem responsabilidade para manter a inflação sob controle.

A TAXA DE JUROS E O BANCO CENTRAL

A determinação da taxa de juros é uma das principais tarefas, senão a principal, do Banco Central (BC). Isso não quer dizer que o BC possa fixá-la de forma totalmente arbitrária; ao contrário, há um conjunto de instituições e regras que determinam em larga medida as escolhas do BC.

Em particular, desde o começo de 1999, o Brasil adotou um regime conhecido como "metas para a inflação", criado originalmente na Nova Zelândia em 1990, mas que hoje é adotado pela maior parte dos bancos centrais do planeta.

Esse regime essencialmente requer que o BC mantenha a inflação próxima à meta determinada pelo Executivo. Embora formalmente a meta seja fixada pelo Conselho Monetário Nacional (composto pelo ministro da Economia, o presidente do BC e o secretário especial de fazenda do Ministério da Economia), todos esses membros são, em última análise, nomeados pelo presidente da República. A meta para a inflação é, assim, uma escolha feita pelo presidente, ainda que por meio de seus agentes (no caso ministros e presidente do BC).

O principal instrumento de controle da inflação é a taxa de juros. A ideia é simples: caso o BC projete (usando modelos estatísticos) que a inflação nos próximos 12-18 meses ficará acima da meta, elevará a taxa de juros; caso preveja inflação abaixo da meta nesse horizonte, reduzirá a taxa de juros.

O mecanismo de transmissão da taxa de juros para a inflação é um tanto mais complicado, mas – em versão bastante simplificada – reflete a noção que a elevação persistente do nível geral de preços (conforme vimos no primeiro capítulo) resulta do desequilíbrio entre a demanda e a capacidade produtiva da economia. Se esta for mais alta que aquela, a inflação se acelera para além da meta e vice-versa.

Dessa forma, ao elevar a taxa de juros (para baixar a inflação futura), o BC reduz o estímulo ao consumo (o crediário fica mais caro) e ao investimento (há projetos cujo retorno pode ficar abaixo da taxa de juros, levando a seu cancelamento), desacelerando o crescimento e, portanto, a inflação. Do mesmo jeito, ao reduzir a taxa de juros quando a inflação esperada está aquém da meta, o BC estimula tanto o consumo como o investimento, acelerando o crescimento e, com ele, elevando a inflação.

Assim, a cada seis semanas aproximadamente, o BC reúne seu Comitê de Política Monetária (o Copom) e avalia o comportamento da economia para inferir a trajetória esperada da inflação e calibrar a taxa de juros para corrigir possíveis desvios, tanto para cima como para baixo da meta.

INFORMAÇÕES *VS.* PREÇOS: COMO GANHAR (OU PERDER)?

Obviamente, não sugiro que seja obrigação de todo brasileiro prestar atenção nas minúcias do BC; contudo, se o leitor ainda estiver interessado em como fazer dinheiro no mercado financeiro, o começo da história envolve, sim, acompanhar de perto não só as decisões do BC sobre a taxa de juros, mas também, e principalmente, as indicações do que ele irá fazer à frente.

A diferença é importante. Quem age com base no conhecimento comum do mercado tem as mesmas chances de sucesso que os praticantes da compra e venda diária, ou seja, zero. As informações viajam com enorme velocidade, ainda mais nos dias de hoje. Então, quem espera a decisão do BC sobre a taxa de juros para tomar sua posição sobre compra (ou venda) vai chegar atrasado. O desafio, no caso, consiste em antecipar a decisão, por vezes antevendo o resto do mercado; outras vezes se adiantando ao próprio BC (por exemplo, ao perceber um comportamento futuro da inflação diferente daquele projetado pelos economistas do banco, de preferência percebendo isso de forma correta).

Essa regra é geral. Informações comuns a todos são rapidamente (às vezes, instantaneamente) incorporadas aos preços. Se todos souberem que no dia 14 de julho de 2025 a farmacêutica X irá anunciar uma droga capaz de curar o Alzheimer, ninguém esperará o anúncio para comprar ações dessa empresa. Valeria mais comprar na véspera (13/07/2025) do anúncio e esperar por ele. Todavia, sabendo disso, alguém pode se antecipar e comprar na véspera da véspera (12/07/2025); mas, claro, de posse desse conhecimento, alguém pode se antecipar e comprar no dia 11/07/2025... Vocês já entenderam o espírito da coisa: valendo o princípio da indução, não precisamos de muito para saber que, se no dia 8 de dezembro de 2021 soubermos do anúncio que ocorrerá no dia 14 de julho de 2025, os preços das ações da farmacêutica X já reagirão no próprio dia 8 de dezembro. Preços de ativos financeiros refletem as informações disponíveis, mesmo que os fatos ainda não tenham ocorrido.

O mercado financeiro lida, portanto, com **expectativas**, seja acerca das taxas de juros, seja sobre os ganhos futuros (no caso do mercado de ações), o que, por definição, introduz um montante considerável de incerteza no processo. Não é por outro motivo que é difícil ficar rico nesse mercado.

Uma forma de resolver o problema é ter acesso a informações que não são do conhecimento de todos, por exemplo, uma informação interna (*inside information*) da empresa. Ocorre que isso é, e por bons motivos, ilegal, uma vez que beneficia os detentores dessa informação privilegiada às expensas de todos os demais investidores. Meu conselho, portanto, é: não faça isso, em nenhuma circunstância.

Há, porém, quem se dedique à pesquisa com base nas informações públicas da empresa para, a partir delas, inferir a trajetória de ganhos esperados da empresa. Há um exemplo que sempre cito, pois tive a oportunidade de observá-lo de perto.

Em meados dos anos 1990, os estados brasileiros estavam quebrados (sim, trata-se de um fenômeno periódico), incapazes de pagar suas dívidas, entre eles o estado de São Paulo. O governo estadual paulista havia tomado muito dinheiro emprestado do antigo Banespa e, como não pagava, significava que o próprio banco não teria como devolver o dinheiro aos seus depositantes, ou seja, o banco também estava quebrado e, consequentemente, suas ações não valiam nada.

O governo federal, porém, por pressão dos estados, lançou um programa de ajuda. Na prática, assumiu sua dívida, isto é, quem tinha dinheiro a receber do estado de São Paulo passou a ser credor do governo federal, enquanto este último se tornou credor de São Paulo. Em particular, o Banespa se tornou credor da União, ou seja, agora tinha como receber de volta o dinheiro emprestado e pagar seus depositantes. Com isso, o banco não estava mais quebrado.

Essas informações eram públicas, quer dizer, a informação sobre a ajuda federal ao estado de São Paulo era pública, mas nem todo mundo entendeu as consequências sobre o preço das ações do Banespa. Quem, com base nas informações públicas, chegou a essa conclusão, pôde comprar as ações por preços baixos e vê-las se valorizar quando os demais entenderam o que havia acontecido. Não foi um caso, repito, de informação privilegiada, mas de um entendimento mais rápido.

Fenômenos como esse são raros, mas longe de impossíveis. Quem se dedica ao estudo de empresas e mercados financeiros pode encontrar por vezes tais oportunidades, mas, é bom advertir, trata-se de atividade também custosa, pois requer dedicação exclusiva. Amadores não devem entrar nesse jogo, muito menos ao ouvirem de algum primo, amigo, conhecido, mesmo que trabalhe no mercado financeiro. Se você não chegou a uma conclusão de forma independente, significa que, muito provavelmente, alguém quer lhe vender algo que comprou algum tempo antes.

O mesmo vale para qualquer tipo de investimento. Retornando ao nosso primeiro exemplo sobre a relação entre o preço da LTN e a taxa de juros, sabemos que a redução da taxa de juros eleva o preço da LTN e vice-versa (quem não se lembra pode voltar à tabela no começo do capítulo: quando a taxa de juros cai de 10% para 5%, o preço da LTN salta de R$ 909,09 para R$ 952,38, ganho de 4,8%; por outro lado, quando a taxa de juros sobe de 10% para 20%, o preço cai dos mesmo R$ 909,09 para R$ 833,33, perda de 8,3%).

Assim, quem consegue se antecipar à decisão do BC sobre taxa de juros (por exemplo, notando que a inflação futura será inferior ao que o BC espera e que, portanto, o banco reduzirá as taxas de juros mais do que esperado) pode comprar LTNs, apostando na sua variação. É também, não se iluda, um emprego de período integral, não recomendado para quem só olha ocasionalmente para esse tipo de oportunidade.

Noto, por fim, que mesmo analistas devotados à tarefa e bastante disciplinados podem ocasionalmente perder de vista fatores com que não estão acostumados. As reações à crise das hipotecas nos EUA em 2008 e 2009 apresentaram ramificações completamente desconhecidas para a imensa maioria dos participantes de mercado, com raríssimas exceções (devidamente documentadas no excelente *A jogada do século*, livro de Michael Lewis, e transformado no não menos excelente filme *A grande aposta*, dirigido por Adam McKay).

O resultado é que muitos fizeram pequenas fortunas, partindo de grandes fortunas.

E DAÍ?

Recapitulando, se você acha que mercado financeiro é jogatina, investir não deve ser sua atividade. A única forma de bater o mercado é por meio de talento (a parte difícil) e dedicação (a parte ainda mais difícil), em particular por meio de pesquisa econômica ou de empresas que lhe permitam antecipar certos eventos.

Caso falte qualquer um desses elementos, desculpe, mas o melhor a fazer é ser bem conservador nos seus investimentos, sem correr grandes riscos.

Eu, por absoluta falta de talento (bem como de tempo), não sei investir em ações. Prefiro deixar na mão de quem sabe, mesmo se tiver que pagar por isso (e, se você encontrou aqui os ecos das vantagens comparativas, estudadas no capítulo anterior, parabéns). Ocasionalmente, tento algo em renda fixa, com alguns resultados bons nos últimos tempos, mas não ousaria me definir como um Bill Gross careca (aquele investidor norte-americano, por muito tempo responsável pelo maior fundo de renda fixa nos EUA, a PIMCO), pois sempre fico com dúvida se o resultado positivo veio da leitura correta das condições econômicas ou se é fruto da sorte.

Mas essa dúvida é saudável e vai mantê-lo alerta, caso deseje entrar na fascinante atividade do mercado financeiro. Não garanto que vai ajudá-lo a ficar rico, mas deve contribuir para que não perca dinheiro.

*Para Dani, pelo amor, paciência, encorajamento
e tudo o mais que me incentiva o esforço
para merecer tudo isso.*

GRÁFICA PAYM
Tel. [11] 4392-3344
paym@graficapaym.com.br